AI
爆款文案

AI 时代的流量密码

李尚龙

著

台海出版社

图书在版编目（CIP）数据

AI 爆款文案：AI 时代的流量密码 / 李尚龙著.
北京：台海出版社，2025.4. -- ISBN 978-7-5168
-4190-7

Ⅰ . G206.2-39

中国国家版本馆 CIP 数据核字第 2025LY8175 号

AI 爆款文案：AI 时代的流量密码

著　　者：李尚龙

责任编辑：魏　敏　　　　　　　封面设计：凶鹿 1015838109@qq.com · 永有熊

出版发行：台海出版社
地　　址：北京市东城区景山东街 20 号　邮政编码：100009
电　　话：010-64041652（发行，邮购）
传　　真：010-84045799（总编室）
网　　址：www.taimeng.org.cn/thcbs/default.htm
E - m a i l：thcbs@126.com

经　　销：全国各地新华书店
印　　刷：三河市嘉科万达彩色印刷有限公司
本书如有破损、缺页、装订错误，请与本社联系调换

开　　本：880 毫米 × 1230 毫米　　1/32
字　　数：180 千字　　　　　　印　　张：8.25
版　　次：2025 年 4 月第 1 版　　印　　次：2025 年 4 月第 1 次印刷
书　　号：ISBN 978-7-5168-4190-7

定　　价：69.80 元

前言
PREFACE

让 AI 成为你的文案搭档，别被时代甩下

时代在变，所有的创作者都要警惕——AI 正在重塑内容创作的规则。

过去的内容创作逻辑，正在被 AI 颠覆。

以前，写作、文案、内容创作是专业人士的事情，需要灵感、经验、技巧，普通人很难写出好内容。

但现在，AI 让写作变成了一种"工具化技能"，它不再是文案人的专属，而是任何人都可以拥有且使用的能力。

未来，一切商业的本质将是"会用 AI 的内容人"。

流量越来越贵，所有品牌、创作者都在抢占用户的注意力，唯一能带来免费流量的，就是优质内容。

好的内容不再是作家的专属，AI 能帮你生产，但你需要知

道如何引导 AI、优化内容，让它真正产生价值。

不会用 AI 的内容创作者，可能很快会被市场淘汰。

这不是危言耸听，而是已经发生的事实。

▶ AI 已经影响了每一个创作者

你是否遇到过这样的困境：

想发朋友圈，却不知道该怎么写，写出来的内容没人点赞。

想给产品写介绍，但写出来的文案平淡无奇，没人感兴趣。

想写一篇公众号文章，但写了一半就卡壳，迟迟无法完成。

如果你也有过这样的苦恼，那么你并不孤单。

好消息是，AI 已经可以帮你解决这些问题了。

▶ 写作，不再是少数人的特权

过去，只有专业的文案人、作家、记者才能写出打动人心的内容。

但今天，AI 已经让写作变得人人可用。

你不需要是专业作家，不需要有文案经验，不需要绞尽脑汁地想创意，你只需要告诉 AI 你的需求，它就能帮你生成内容。

你可以让 AI 帮你写：

朋友圈文案：让你的朋友忍不住点赞和评论。

短视频脚本：提高播放量，让人愿意看完。

电商产品介绍：让客户秒懂产品价值，提高销量。

广告标题：让你的广告点击率翻倍。

社交媒体文案：让你的微博、小红书、公众号能吸引更多关注。

邮件、PPT 文案：让你的工作更高效。

▶ AI 写作真的有这么厉害吗

是的，而且它可以做得比你想象的更好！

最近，郑渊洁宣布自己正式"退网"，理由之一是——"AI 写得太好了"。他给 AI 下达详细指令，让它用郑渊洁的手法写一篇以皮皮鲁为主人公的文章，看完后他直呼："自己写不过 AI 的'郑渊洁'。"

他的话不仅震惊了很多网友，也让不少创作者感受到 AI 的写作能力已经达到了前所未有的高度。

连写了 40 多年童话、出版过千万册作品的郑渊洁都如此评价 AI 写作，你还不来试试看 AI 的力量吗？

▶ AI 文案到底是怎么回事

你可以把 AI 当成你的智能文案助手，它不会取代你的思考，

而是会帮你完成那些重复、困难及灵感枯竭时的写作任务。

AI 就像一个优秀的助手，它可以：

提供写作灵感——比如，帮你想出 10 个吸引人的标题，让你快速挑选出最好的一个。

优化你的文案——如果你的内容太普通了，AI 可以帮你把你的内容改得更有吸引力。

提升你的效率——一篇文章可能需要你写 2 个小时，但 AI 只需要 2 分钟就能给你一版初稿。

▶ 这本书能帮你做什么

这本书的目标很简单：让你学会用 AI 写出让人愿意阅读、愿意点赞、愿意购买的文案。

你不需要懂复杂的 AI 技术，我会用最简单的方式教你如何使用 AI 进行写作。

你不需要有文案基础，我会告诉你如何用 AI 一步步地生成专业文案。

你不需要试错浪费时间，我会给你最实用的 AI 文案模板和案例。

你会学到：

- 如何用 AI 写出吸引人的短视频文案，提高播放量。

- 如何用 AI 优化你的电商文案，让产品更容易卖出去。

- 如何用 AI 生成朋友圈文案，让你的朋友忍不住点赞。

- 如何用 AI 写出高转化的广告标题，提升点击率。

- 如何用 AI 打造你的个人品牌，让更多人记住你。

▶ AI 文案，普通人也能玩转

你可能会想：

"这些 AI 文案技巧是不是只适合专业人士？"

"我不是做自媒体的，这本书对我有用吗？"

答案是：AI 文案适合所有人！

如果你是上班族：AI 可以帮你写邮件、PPT 文案、汇报材料，让你的工作更高效。

如果你是创业者：AI 可以帮你写推广文案，吸引客户，提高销量。

如果你是短视频创作者：AI 可以帮你写脚本，让你的视频更吸引人。

如果你只是想提高写作能力：AI 可以为你提供灵感，帮你优化表达，让你的文案更有吸引力。

你准备好了吗？

AI 不会顶替你的文案工作，但如果你不会用 AI，你的文案可能没人看。

AI 不会取代人类，但有 AI 赋能的人，将轻松碾压不会用 AI 的人。

当我写《年轻人会用的 AI 写作》这本书时，我认为 AI 只会辅助写作。

因为当时只有 ChatGPT 3.5，AI 的能力还处于优化阶段。

但现在，随着 AI 的不断进化，我已经意识到：AI 正在改变内容创作的本质。

未来，内容创作的核心竞争力不是你能不能写，而是你会不会用 AI 高效写。

不会用 AI 的人将被市场淘汰，能驾驭 AI 的人将成为新的内容王者。

这本书就是你开启 AI 写作的第一步。

让 AI 成为你的文案搭档，会让你的内容更吸引人、更具影响力，会让你的生意更赚钱，会让你的个人品牌更有影响力。

现在，就让我们一起走进 AI 爆款文案的世界，让写作变得轻松、高效、有趣！

目录
CONTENTS

短视频文案怎么写 / 077

电商卖货文案怎么写 / 099

广告文案怎么写 / 121

第八章　如何让 AI 帮你打造个人影响力 / 147

第九章　如何用 AI 高效管理社交媒体 / 165

第十章　AI 写作的未来趋势 / 189

附录 / 211

第一章

AI 到底能帮我们写什么

▷▷▷▷

第一节
你是不是也以为 AI 写作很难

如果你还没用过 AI 写作，可能会有这样的疑问：

AI 写作是不是很复杂？

我不会编程，AI 对我有什么用？

AI 真的能写出吸引人的文案吗？

事实上，AI 写作比你想象的简单得多。它不像一个冷冰冰的代码工具，更像一个聪明的写作助手，它能帮你思考、优化、润色你的文案，就像你身边的一个"超级搭档"。

想象一下，你的脑子里有很多想法，但不知道该怎么表达清楚。这时，AI 可以帮你整理思路，帮你把混乱的想法变成一篇有逻辑、有吸引力的文案。

你写了一篇文章，但总觉得不够满意。这时，AI 可以帮你优化句子，让文案更流畅、更具吸引力。

你需要一个吸睛的广告标题，AI 可以在几秒钟内生成十几个爆款标题供你选择。

最重要的是，你不需要有任何写作经验，甚至不需要有灵感，只要会提出正确的问题，AI 就能帮你写出不错的文案。

AI 写作已经广泛应用在广告、短视频、电商、社交媒体、邮件、PPT 文案等场景，而且很多时候，它的表现比人类更快、更精准。

在我们真正进入 AI 文案的世界之前，先来看 AI 改写前后的真实案例，你会更直观地感受到 AI 带来的变化。

▶ AI 改写文案案例一：电商产品介绍

原来的文案（AI 改写前）：

产品名称：智能护眼台灯

这款台灯有柔和的光线，可以缓解眼睛疲劳，非常适合阅读和学习。

问题：描述太普通了，没有具体卖点，也没有让人想立即购买的冲动。

AI 优化后的文案：

护眼台灯，让你的眼睛更轻松！

阅读学习专用，采用无蓝光护眼技术，保护孩子和上班族的双眼。

三档亮度可调节，适应不同光线需求，长时间使用不伤眼。

柔光不刺眼，夜间学习不打扰。

限时特惠：下单立减 50 元！ 立即抢购！

AI 的优化点：

- 添加吸引人的标题：用"护眼台灯，让你的眼睛更轻松！"直接抓住核心卖点。

- 突出产品特点：无蓝光、三档亮度可调节、柔光不刺眼。

- 加入情境描述：适合孩子、上班族长时间使用。

- 促销引导：增加"限时特惠"，让用户更有购买冲动。

适用场景：

- 适用于淘宝、京东、拼多多等电商平台的商品详情页。

- 可用于社交媒体（如小红书、抖音、微博等）的推广文案。

▶ AI 改写文案案例二：朋友圈文案

原来的朋友圈文案（AI 改写前）：

AI 写作挺好用的，大家可以试试。

问题：这条朋友圈文案太普通，没有让人想点赞或互动的欲望。

AI 优化后的朋友圈文案：

你敢相信吗？我用 AI 写了一篇文章，阅读量竟然比平时高 5 倍！

以前写一篇公众号文章要花 2 个小时，现在 AI 帮我搞定初稿，我只用 10 分钟进行优化就完成了！

你想尝试 AI 写作吗？留言告诉我。

AI 的优化点：

- 制造悬念："你敢相信吗？"，引发朋友们的好奇心。

- 加入真实案例："阅读量竟然比平时高 5 倍"，提供可信

的数据。

- 互动引导："你想尝试 AI 写作吗？留言告诉我"，让朋友参与对话。

适用场景：

- 适用于微信朋友圈、微博、小红书、LinkedIn 等社交平台。
- 可用于自媒体推广，吸引更多用户关注和互动。

▶ AI 改写文案案例三：广告文案

原来的广告文案（AI 改写前）：

这款面膜很好用，补水效果不错。

问题：语言太平淡，没有吸引力，用户不会因此购买。

AI 优化后的广告文案：

敷一次 =10 瓶精华！

15 分钟补水修复，肌肤水嫩透亮！

含天然植物精华，敏感肌也能放心用！

限时买一送一！快来抢购！

AI 的优化点：

- 用数字增强吸引力："敷一次 =10 瓶精华"，直观地告诉用户效果。

- 突出核心卖点：补水修复、敏感肌可用、含天然植物精华。

- 加入促销信息：买一送一，制造紧迫感，促使用户购买。

适用场景：

- 适用于淘宝、天猫、京东等电商平台。

- 可用于抖音、快手、微博、Facebook 等社交媒体。

第二节
AI 能帮你写什么

AI 已经彻底改变了内容创作的方式，它不仅能提高写作效率，还能帮助你优化表达、提升互动率、提高转化效果。

无论你是短视频创作者、电商卖家、企业运营者，还是普通的社交媒体用户，AI 都能成为你的写作助手。

以下是 AI 最适用的 6 大写作场景，帮助你在不同的平台上创作出更具吸引力的文案。

一、AI+ 短视频脚本——提高播放量与完播率

过去的短视频创作：

- 每天花几个小时刷抖音、小红书，找灵感。

- 苦苦思考选题，不知道今天该拍什么内容。

- 写脚本特别痛苦，不知道该如何设置开头和结尾。

- 剪辑费时费力，添加字幕、优化内容需要很长时间。

现在，AI 可以帮你做这些事情：

- AI 自动推荐短视频：根据热点和你所在的领域，帮你生成高播放量选题。

- AI 自动生成短视频：包括开头吸引点、中间内容、互动引导等。

- AI 优化标题：让你的短视频更容易被推荐。

- AI 生成字幕：让你的内容更专业，提高完播率。

▶ 示例：用 AI 生成短视频脚本

复制编辑：请帮我写一段适合抖音的短视频脚本，主题是"AI 写作的未来"。

目标：提高观众对 AI 写作的兴趣，增强互动率。

AI 生成的短视频脚本：

开头（吸引注意力）：

90% 的人都不知道，AI 已经能写出阅读量超 10 万的爆款文章！

你能分辨出这篇文章是 AI 写的吗？

中间部分（讲解 AI 写作能力）：

AI 如何自动生成文章。

AI 如何优化社交媒体文案。

AI 如何提高品牌营销的转化率。

结尾（互动引导）：

你觉得 AI 会取代人类写作吗？在评论区聊聊。

未来的短视频创作，不是"你花很多时间做"，而是"你让 AI 帮你做"。

二、AI+ 电商产品介绍——让客户秒懂产品价值，提高销量

过去的电商文案写作：

- 产品描述写得很普通，客户看完没有购买冲动。

- 不知道如何写出真正打动用户的产品卖点。

- 不同平台（淘宝、小红书、京东）需要不同风格的文案，
自己写很麻烦。

现在，AI 可以帮你做这些事情：

- 提炼产品卖点，让描述更吸引人。

- 优化产品介绍，提高转化率。

- 根据不同平台，自动调整文案风格。

▶ 示例：AI 优化电商产品介绍

复制编辑：请帮我优化一款护肤精华的产品介绍。

目标：让文案更吸引人，提高用户购买欲望。

AI 优化后的产品文案：

肌肤水润黑科技！5 倍玻尿酸深层滋养，24 小时持续补水！

干燥、细纹、暗沉？这款精华 1 瓶搞定，肌肤水润透亮！

天然植物精华＋抗衰老配方，敏感肌也能放心用！

今日下单立享 8 折＋送试用装！立即抢购！

为什么这个版本更有效？

- 直击用户痛点（干燥、细纹、暗沉）。

- 突出产品的核心优势（5 倍玻尿酸、24 小时补水）。

- 限时优惠，引导购买。

未来的电商文案，不是你自己写，而是 AI 帮你优化。

三、AI+ 朋友圈文案——吸引朋友点赞，让互动率翻倍

过去的朋友圈运营：

- 感觉朋友圈文案太普通，没人点赞。

- 不知道如何写文案，让朋友愿意互动。

- 想推产品，但又怕显得太商业化。

现在，AI 可以帮你做这些事情：

- 生成有趣的朋友圈文案，提高互动率。

- 优化表达方式，让内容更具吸引力。

- 写出更自然的带货文案，让人更愿意接受。

▶ 示例：AI 优化朋友圈文案

复制编辑：请帮我写一条朋友圈文案，主题是"如何用 AI 提高工作效率"。

目标：让朋友愿意点赞、互动，不要太生硬。

AI 生成的朋友圈：

用了 AI，我的工作效率提升了 3 倍！再也不用熬夜改稿了！

你平时工作中最痛苦的是什么？在评论区聊聊。

为什么这样更容易提高互动率？

- 表达更有情感，让人更有共鸣。
- 提问引导互动，鼓励朋友留言。

未来，你的朋友圈文案，AI 可以帮你搞定。

四、AI+ 广告标题——让你的广告点击率翻倍

过去的广告文案写作：

- 广告标题太普通，点击率低。
- 不知道如何让文案更吸引人。

- 针对不同受众群体，不知道应该用什么样的文案。

现在，AI 可以帮你做这些事情：

- 优化广告标题，提高点击率。

- 测试不同版本，找到最适合的文案。

- 让广告更有吸引力，提高转化率。

▶ 示例：AI 优化广告标题

复制编辑：请帮我优化一个电商广告标题，提高点击率。

产品：蓝牙耳机。

AI 优化后的广告标题：

30 小时续航 + 智能降噪！限时 5 折抢购！

为什么这样更有效？

- 用数据吸引人（30 小时续航、5 折优惠）。

- 制造紧迫感，让用户更愿意点击。

AI 能让你的广告文案营销更精准。

五、AI+ 社交媒体文案——让你的微博、小红书、公众号更具吸引力

过去的社交媒体运营：

- 不知道每天应该发什么内容。

- 发了很多文案，但没人点赞、转发。

- 不知道如何优化互动，让用户愿意参与。

现在，AI 可以帮你做这些事情：

- 每天自动生成社交媒体话题。

- 优化互动话术，提高用户参与度。

- 分析粉丝兴趣，智能调整内容方向。

▶ 示例：AI 优化微博文案

复制编辑: 请帮我优化这条微博文案，"AI 写作真的很强大，很多人已经开始用了"。

目标：提高互动率。

AI 优化后的微博文案：

AI 真的太赞了！用了它之后，我的文案点击率提升了 3 倍！

你还在苦苦思索如何写文案吗？如果 AI 能帮你写，你会愿意试试吗？

评论区聊聊，你用过 AI 写作吗？你的体验如何？

为什么这样更容易提高互动率？

- 表达更有情绪感，让用户更容易产生共鸣。

- 加入互动引导，提高点赞率、转发率。

未来的社交媒体运营，AI 帮你更精准、更高效。

AI 写作的万能公式：
一招搞定所有文案

要让 AI 帮你写出好的文案，你需要掌握一个公式，只要按照这个公式去提问，你就能让 AI 帮你生成精准、高效、吸引人的文案。

一、AI 文案创作的万能公式

WTF 公式（Write-Target-Function）：写什么 + 目标受众 + 目的。

AI 文案生成公式：文案类型（W）+ 目标受众（T）+ 目的（F）= 高效 AI 文案。

表 1-1

要素	含义	示例
W（Write）	你需要 AI 写的内容	朋友圈文案、广告标题 、短视频脚本
T（Target）	你的目标受众是谁	年轻人、上班族、宝妈、创业者
F（Function）	你希望文案达成什么目标	吸引点击、促进购买、提高互动率

举个例子：

错误提问："帮我写一篇朋友圈文案。"（太笼统，AI 不知道写什么）

正确提问："帮我写一篇朋友圈文案，主题是'如何用 AI 写作提升效率'，目标是吸引上班族点赞和留言讨论。"（符合 WTF 公式）

这样，AI 就能精确生成一篇吸引目标受众、达到特定目的的文案。

二、如何利用 WTF 公式让 AI 赋能你的文案创作

让我们看看 AI 如何根据 WTF 公式优化不同类型的文案。

▶ 案例一：AI 帮你写吸引人的朋友圈文案

原文（普通文案）：

AI 写作挺好用的，大家可以试试。（太普通，没有吸引力）

AI 优化后（运用 WTF 公式）：

W（写什么）：朋友圈文案。

T（目标受众）：职场人，希望提高效率。

F（目的）：吸引点赞和讨论。

AI 优化后的朋友圈文案：

你敢相信吗？我用了 AI 写作后，写一篇文章只花了 10 分钟，阅读量比以前高 5 倍。

以前我写一篇公众号文章要花 2 个小时，现在 AI 帮我搞定初稿，效率飙升！你会尝试 AI 写作吗？留言告诉我。

AI 如何赋能？

- 更有吸引力的开头："你敢相信吗？"（引发好奇）
- 提供数据对比："效率提高 5 倍。"（增强说服力）
- 引导互动："你会尝试吗？留言告诉我。"（促进讨论）

适用场景：

朋友圈、微博、小红书、LinkedIn 等社交平台。

▶ 案例二：AI 帮你写出爆款短视频标题

原标题（普通标题）：

AI 写作教程。（太普通，没有吸引力）

AI 优化后（WTF 公式）：

W（写什么）：短视频标题。

T（目标受众）：想提高效率的自媒体人。

F（目的）：让人点击观看。

AI 优化后的短视频标题：

用了 AI 写文案，我的广告点击率翻了 3 倍！

90% 的人都不知道的 AI 写作秘诀！

AI 能写出比你更好的文案吗？我测试了一下……

AI 如何赋能？

- 制造悬念："90% 的人都不知道"，激发观众的兴趣。

- 强调成果："广告点击率翻了 3 倍"，让观众看到好处。

- 引发好奇心："AI 能写出比你更好的文案吗"，吸引观众验证。

适用场景：

- 适用于抖音、快手、小红书、YouTube 等短视频平台。

- 用于公众号文章、微博话题的标题设计，提高阅读率。

AI 写作实战案例：如何用 STAR 公式让 AI 生成高质量文案

一、第二个 AI 写作的万能公式

除了我们之前提到的 WTF 公式外，我们还总结出另外一套简单、高效的 AI 写作公式——STAR 公式，它适用于短视频、广告、电商、社交媒体等各种场景。本书中还有很多特别好的公式，都是我写了这么多年脚本总结出来的及跟老师学到的，很有趣，我慢慢分享给你。

STAR 公式：

S（Situation）：你要写什么？（文案类型）

T（Target）：受众是谁？（适用人群）

A（Action）：你希望读者做什么？（行动引导）

R（Result）：你的核心卖点是什么？（让用户相信的理由）

只要把这 4 个要素交给 AI，它就能帮你写出高质量的文案。

表 1-2

STAR 要素	解释	给 AI 的指令示例
S（Situation）	你要写什么类型的文案？（广告、朋友圈、短视频脚本、电商详情）	帮我写一段电商产品介绍
T（Target）	目标受众是谁？（年轻人、职场女性、宝妈、学生）	这款产品适合上班族使用
A（Action）	你希望用户做什么？（点赞、购买、转发、点击链接）	鼓励用户下单购买
R（Result）	你想强调的核心卖点是什么？（限时优惠、独家配方、用户口碑）	这款产品有某某技术

二、如何用 STAR 公式让 AI 赋能你的文案

让我们看看 AI 如何根据 STAR 公式优化不同类型的文案。

▶ 案例一：朋友圈文案（推广 AI 写作工具）

原始文案（手写版）：

AI 写作挺好用的，大家可以试试。

问题：太普通，没吸引力，朋友不会点赞和互动。

AI 优化后（运用 STAR 公式）：

S（类型）：朋友圈文案，推广 AI 写作工具。

T（目标受众）：自媒体人、写作困难者、职场人士。

A（行动）：让读者留言互动，尝试使用 AI。

R（卖点）：AI 能帮你节省写作时间、优化内容、提高曝光量。

AI 优化后的朋友圈文案：

用了 AI 写作，我的文章阅读量竟然比以前提升了 5 倍！

以前我写一篇公众号文章要花 2 个小时，现在 AI 只用 5 分钟就能帮我搞定初稿！

你有没有试过 AI 写作？留言告诉我。

AI 如何赋能？

- 用悬念抓住注意力："用了 AI 写作，我的阅读量竟然提升了 5 倍！"
- 提供具体数据："AI 只用 5 分钟搞定初稿！"
- 鼓励互动："你有没有试过 AI 写作？留言告诉我。"

适用场景：

- 微信朋友圈、微博、小红书等社交媒体。

▶ 案例二：短视频标题

原始标题（手写版）：

AI 写作教程。

问题：太普通，不能激发点击欲望。

AI 优化后（运用 STAR 公式）：

S（类型）：短视频标题，介绍 AI 写作。

T（目标受众）：短视频创作者、文案写作困难者。

A（行动）：让观众点击观看。

R（卖点）：AI 写作能提高效率、提升阅读量。

AI 优化后的短视频标题：

"你知道吗？ AI 写文案只要 5 分钟，比人类写得还好！"

"90% 的人还不会用 AI 写作，这才是爆款文案的秘诀！"

"用 AI 写作后，我的广告点击率提高了 3 倍！"

AI 如何赋能？

• 用疑问句制造好奇："你知道吗？"

• 用数据提升说服力："AI 写文案只要 5 分钟，比人类写得还好！"

• 用对比增强吸引力："90% 的人还不会用。"

适用场景：

• 抖音、快手、小红书、B 站等短视频平台。

▶ 案例三：电商产品介绍

原始产品介绍（手写版）：

这款台灯光线柔和，适合阅读。

问题：没有具体卖点，无法激发购买欲望。

AI 优化后（运用 STAR 公式）：

S（类型）：电商产品详情页。

T（目标受众）：上班族、学生、阅读爱好者。

A（行动）：鼓励用户下单。

R（卖点）：无蓝光护眼、三档亮度调节、长时间使用不伤眼。

AI 优化后的电商文案：

护眼台灯，让你的眼睛更轻松！

阅读专用，无蓝光护眼技术，长时间学习不伤眼！

三档亮度可调，适应不同光线需求，夜晚柔光不打扰家人！

限时特惠：下单立减 50 元！请立即抢购！

AI 如何赋能？

- 优化标题，突出卖点：护眼台灯，让你的眼睛更轻松！

- 增加产品优势：无蓝光、三档亮度。

- 使用促销刺激用户行动：限时立减 50 元。

适用场景：

- 淘宝、京东、拼多多、小红书电商等任何互联网场景。

所以，你准备好了吗？

AI 写作的强大之处在于，它不仅能帮你写出内容，还能让你的文案更有吸引力、更有销售力、更具传播力。

你不需要有写作经验，也不需要有灵感，你只需要告诉 AI 你想写什么，它就能帮你优化。

下一章我们将深入讲解：AI 文案的基本玩法。

第二章

AI 文案的基本玩法

▷▷ ▷▷ ▷▷

○ 写文案最重要的一点是什么？让人愿意读、愿意买。

○ 在这个信息爆炸的时代，你的内容可能只有1秒钟的机会吸引用户。如果标题不吸引人，内容再好也没人看。

○ AI 已经让写文案变得更简单，但要写出真正能抓住人心的内容，你需要掌握一套高效的方法。

○ 这一章，我会深入讲解 AI 文案的基本玩法，教你如何用 AI 高效生成吸睛标题、高转化文案、强互动内容，并提供一系列实用公式，让你的 AI 写作更加精准、高效。

让 AI 帮你写文案的 3 个简单步骤

许多人初次使用 AI 写作时，往往会犯一个错误：直接让 AI "随便写一篇文章"。

结果呢？ AI 会给你一堆大而空的内容，既不精准，也没有吸引力。

正确的做法是：给 AI 清晰的指令，让它按你的需求来优化文案。

下面是 AI 写作的 3 个简单步骤，只要掌握这 3 步，你就能让 AI 生成更精准、更具吸引力的内容。

步骤一：告诉 AI 你想写什么（清晰指令）

AI 是一个"听话的助手"，但它不会主动猜测你的需求，所以你必须告诉它：你需要什么类型的文案（广告／短视频脚本／社交媒体文案）；你的内容主题是什么（如"AI 写作技巧""护肤产品"）。

不清晰的指令：

写一篇广告文案。（AI 不知道是什么产品、目标受众是谁，写出的文案会很笼统）

清晰的指令：

帮我写一篇淘宝产品介绍，产品是一款主打"抗衰老"的精华，适合 30 多岁的女性。

这样，AI 就能围绕你的需求精准生成内容，而不是随意发挥。

步骤二：告诉 AI 你的目标受众是谁（文案更精准）

不同的人对同一件事的关注点不同，所以你的文案必须匹配你的受众。

你要告诉 AI，这篇文案是写给谁看的。

- 职场女性：关心高效、专业感、精致生活。
- 宝妈群体：关注安全、实用、价格、性价比。
- 年轻用户：喜欢潮流、个性、互动感。

清晰的指令示例：

写一篇社交媒体文案，推广一款速溶燕窝产品，目标人群是30~45 岁的职场女性，她们关心美容养颜和快速冲泡的便捷性。

这样，AI 就能针对这个群体的需求、痛点来写文案，而不是泛泛地介绍这款产品。

步骤三：让 AI 优化文案（让内容更吸引人）

AI 不仅能帮你写初稿，还可以根据你的反馈进行优化，比如：

- 让文案更短、更具冲击力。
- 让内容更具情感共鸣。
- 让标题更有吸引力。
- 让 CTA（行动引导）更有说服力。

▶ 示例：优化淘宝产品介绍

原始 AI 生成文案（普通版）：

这款精华含有多种护肤成分，能够有效抗衰老，帮助肌肤保持水润。

优化后（更具吸引力）：

逆龄神器！告别细纹，30 多岁也能拥有少女肌！

天然成分：高浓度抗氧化精华，温和修护肌肤。

3 秒吸收：轻薄不油腻，快速渗透，深层滋养。

限时活动：今天下单，立享买一送一！

优化点：

- 增加感性表达："逆龄神器""少女肌"。
- 突出产品特点："高浓度抗氧化""3 秒吸收"。
- 强化促销引导："限时活动：买一送一"。

适用场景：

- 淘宝详情页、小红书推广、电商广告等。

第二节
AI 写作的通用公式

　　除了掌握 AI 的基本用法，我们还需要一个通用的公式，以帮助你写出高转化的文案。

　　OPCA 公式（适用于所有文案类型）：

　　O（Object）：你的目标受众是谁？

　　P（Pain Point）：他们最关心的问题是什么？

　　C（Charm）：你的内容如何引起他们的兴趣？

　　A（Action）：你希望他们做什么？

▶ 示例：如何用 OPCA 公式优化短视频标题

　　原始标题（普通版）：

AI 写作教程。

AI 优化后（运用 OPCA 公式）：

90% 的人还不会用 AI 写作，别再浪费时间了！

1 秒生成广告文案？ AI 的力量太强大了！

学会这个 AI 技巧，写文案再也不费脑！

优化点：

- 对象：针对对 AI 写作感兴趣的人。

- 需求：解决"不会用 AI 写作"或"写作费时"的问题。

- 吸引力：用数据 + 疑问句制造好奇。

- 行动：让用户观看视频、学习 AI 技巧。

适用场景：

- 抖音、快手、YouTube、小红书等平台。

第三节

AI 写作实战案例：
如何一步步优化文案

在这一部分，我们将详细拆解 AI 如何优化不同类型的文案，并演示如何正确使用 AI 指令（Prompt）来提升你的文案质量。

每个案例都会包含以下内容：

- 原始文案（未优化）。
- 输入 AI 的优化指令。
- AI 生成优化版文案。
- 解析：AI 如何运用 OPCA 公式进行优化。
- 适用场景。

▶ 案例一：如何用 AI 写出一个让人点赞的微博

原始微博（未优化）：

AI 写作挺好用的，大家可以试试。

AI 优化步骤：

输入 AI 的优化指令：

复制编辑：请帮我优化一条微博文案，主题是"AI写作的优势"。

目标：吸引更多点赞和互动。

请使用数据、对比、疑问句等方式增强吸引力。

请使用 OPCA 公式进行优化：

O（对象）：对 AI 写作感兴趣的自媒体人或普通用户。

P（需求）：他们希望提高写作效率或优化文案。

C（吸引力）：提供真实案例或数据增强可信度。

A（行动）：鼓励互动，增加评论量。

AI 优化后的微博：

用了 AI 写作，我的文章阅读量竟然翻了 3 倍！

以前写一篇公众号文章至少要花 2 个小时，现在 AI 帮我生

成初稿，我只需要花 10 分钟进行优化就完成了！

你会尝试 AI 写作吗？在评论区告诉我。

AI 如何优化文案？

- O（对象）：目标用户从"所有人"调整为自媒体人和普通用户。

- P（需求）：从"AI 写作好用"变为"用了 AI 写作，文章阅读量翻了 3 倍"。

- C（吸引力）：增加数据（"阅读量翻了 3 倍"），并用时间对比突出 AI 的优势。

- A（行动）：结尾加入问题引导。

适用场景：

- 微博、朋友圈、LinkedIn、自媒体平台。

- 用于推广 AI 写作工具、培训课程、个人经验分享等。

▶ 案例二：如何用 AI 帮你优化淘宝产品介绍

原始淘宝文案（未优化）：

这款洗面奶泡沫丰富，清洁效果好。

AI 优化步骤：

输入 AI 的优化指令：

复制编辑：请帮我优化淘宝产品介绍，产品是一款洗面奶。

目标：提高转化率，吸引用户购买。

请使用 OPCA 公式进行优化：

O（对象）：适用于敏感肌、喜欢温和护肤的人。

P（需求）：他们希望洗面奶既能深层清洁，又不伤害肌肤屏障。

C（吸引力）：突出无刺激成分、皮肤科医生推荐、用户好评等。

A（行动）：加入限时折扣，鼓励用户立即购买。

AI 优化后的淘宝文案：

深层清洁 ＋ 温和养护，敏感肌也能用！

皮肤科医生推荐，采用植物提取精华，温和不刺激。

0 添加、无皂基、无刺激，洗后肌肤水润不紧绷。

今日下单立享 8 折＋送旅行装。

AI 如何优化文案？

- O（对象）：明确目标用户为敏感肌、喜欢温和护肤的人。

- P（需求）：从"清洁效果好"调整为"深层清洁＋温和养护"。

- C（吸引力）：增加权威推荐（"皮肤科医生推荐"），突出产品安全性（"0 添加、无皂基"）。

- A（行动）：结尾加入限时折扣（"今日下单立享 8 折＋送旅行装"）。

适用场景：

- 淘宝、天猫、京东等电商详情页。
- 小红书种草推广、社交电商广告。

▶ 案例三：如何用 AI 优化短视频标题

原始短视频标题（未优化）：

AI 写作教程。

AI 优化步骤：

输入 AI 的优化指令：

复制编辑：请帮我优化短视频标题，内容是"AI 写作教程"。

目标：吸引更多用户点击观看。

请使用 OPCA 公式进行优化，增加悬念、数据或疑问句。

AI 优化后的短视频标题：

90% 的人还不会用 AI 写作，别再浪费时间了！

1 秒生成广告文案，AI 的力量太强大了！

学会这个 AI 技巧，写文案再也不费脑！

AI 如何优化文案？

- O（对象）：针对对 AI 写作感兴趣的人。

- P（需求）：解决"不会用 AI 写作"或"写作费时"的问题。

- C（吸引力）：用数据 + 疑问句吸引人（90% 的人不会）。

- A（行动）：让用户点击观看，学习 AI 写作技巧。

适用场景：

- 抖音、快手、YouTube、小红书短视频等。
- 自媒体内容推广，培训课程宣传。

　　你现在已经掌握了 AI 写作的 OPCA 公式，并学会了如何用 AI 优化微博文案，提升互动率；如何用 AI 优化电商详情页，提高转化率；如何用 AI 优化短视频标题，提升点击率。快来操作试试吧!

任务

　　打开 AI 工具（如 DeepSeek），尝试用 OPCA 公式优化你的文案，并测试不同版本的效果。

第三章

如何用 AI 打造
"系统性吸引人的标题"

▷ ▷ ▷ ▷

○ 在这一章开始之前我需要和大家沟通和确认一件事：在内容爆炸的时代，标题决定了一切。

○ 无论你是写短视频文案、社交媒体帖子、产品介绍，还是营销邮件，80% 的用户会先看标题，然后决定是否继续阅读。

○ 你是不是经常写完一个标题，就"拍脑袋决定"用它。

○ 真正厉害的内容创作者，会一次性准备多个标题，并用数据验证哪个最有效。

○ 在这一章，我们将学习如何用 AI 批量生成不同风格的标题，并利用 A/B 测试选出最有效的版本。此外，我还会针对短视频、电商、社交媒体、邮件等行业，讲解如何用 AI 生成符合不同平台需求的标题。

AI 时代的标题优化公式

在信息爆炸的时代，标题就是你的"敲门砖"。

不管是短视频、电商、社交媒体，还是文章、广告，80%的用户会先看标题，然后决定要不要继续看下去。

如果你的标题不够吸引人，你的内容再好，用户都不会点开。

为什么标题比内容更重要？

因为 80% 的用户只看标题，然后才决定要不要点开；同一篇内容，不同的标题，点击率可能相差 10 倍；短视频的标题决定了你能不能进算法推荐池；电商的标题影响商品的搜索排名和转化率。

真实案例：同样是一个 AI 写作工具的短视频，下面哪个标题更吸引人？

普通标题（点击率低）：AI写作工具介绍。

AI优化后的标题（点击率高）：用了这款AI，我的文案点击率提升了300%！

为什么优化版更好？

因为数据＋好奇心（"点击率提升300%"，让人想知道为什么）；用户代入感（"用了这款AI"，让观众觉得"我是不是也可以试试"）。

标题的作用不是简单地描述内容，而是让人产生"必须点开"的冲动。

但问题是，如何确保你的标题足够吸引人？

不能只凭感觉，而是要建立一套"标题生成＋筛选"的体系。

AI时代的标题优化公式

过去，写一个好标题需要创意＋经验＋不断测试，但在AI时代，我们可以用系统性的公式，快速生成多个吸引人的标题，并筛选出最佳版本。

HOT公式：写出让人想点开的标题。

HOT = Hook（钩子）＋ Outcome（结果）＋ Tension（张力）。

表 3-1

步骤	作用	示例
H（Hook）	用好奇、热点、数字吸引用户	90% 的人都不知道的 AI 写作技巧
O（Outcome）	让用户知道看完标题能学到什么	3 分钟学会 AI 写文案，效率提升 10 倍
T（Tension）	用悬念、挑战、对比制造紧迫感	如果你不会这个 AI 技巧，可能会被同行淘汰

如何使用 HOT 公式：

- 先用 AI 批量生成多个标题版本。

- 用 HOT 公式优化每个标题。

- 筛选出最吸引人的版本。

输入 AI 的优化指令：

复制编辑：请帮我生成 5 个短视频标题，主题是"如何用 AI 写出吸引人的文案"。

目标：让用户想点开，提高播放量。

请使用 HOT 公式进行优化：

- 开头用钩子吸引用户。

- 在标题中加入结果，让用户知道看完能学到什么。

- 用张力制造紧迫感。

AI 生成的 5 个标题

90% 的人还不会用 AI 写作，别再浪费时间了！

3 分钟学会 AI 写文案，让你的广告点击率翻倍！

如果你不会这个 AI 技巧，你的竞争对手已经领先了！

用 AI 写文案真的这么简单吗？我测试了一下……

我用 AI 写了一篇文章，结果阅读量比之前高了 5 倍！

适用场景：

- 短视频标题、电商产品标题、社交媒体帖子、文章标题。

第二节
让 AI 帮你批量生成不同风格的标题

用 AI 写标题，最聪明的做法是什么？一次性生成 10~20 个不同风格的标题，然后筛选出最好的。

表 3-2　AI 标题风格矩阵

标题风格	适用场景	示例
极简风格	资讯、商业文案	AI 写作，让你的文案更高效
煽动风格	社交媒体、短视频	你还在埋头写文案？AI 已经帮人日入过万了
悬疑风格	公众号、短视频	90% 的人都不知道的 AI 写作秘诀

续表

标题风格	适用场景	示例
数据驱动风格	商业文案、营销广告	AI 帮我提高了 300% 的文案点击率
行动型标题	广告、促销	立刻试用 AI 写作工具，提升你的内容质量

▶ AI 优化示例：用 AI 批量生成短视频标题

输入 AI 的优化指令：

复制编辑：请帮我生成 5 个短视频标题，主题是"AI 如何帮助普通人写出吸引人的文案"。

目标：让人想点开短视频，提高播放量。

请使用不同风格的标题，包括：极简风格、煽动风格、悬疑风格、数据驱动风格、行动型风格等。

AI 生成的标题：

1 秒生成广告文案？AI 的力量太强大了！（悬疑风格）

90% 的人都不会用 AI 写作，你还在等什么？（煽动风格）

用了 AI 写作，我的广告点击率提高了 3 倍！（数据风格）

AI 写作，让你的文案更吸引人！（极简风格）

学会这个 AI 技巧，写文案再也不费脑！（行动风格）

AI 如何赋能？

- 快速生成 10 个不同风格的标题，节省大量的创意时间。

- 可以让你自由选择最吸引人的标题，而不是凭感觉决定。

AI 标题优化的深度玩法：
如何用 A/B 测试选择最有效的标题

什么是 A/B 测试？

在营销和内容创作中，A/B 测试（AB Testing）是一种常见的方法，用来比较两个版本的内容，看看哪个更有效。

但是很多人听到"A/B 测试"可能觉得它是一个高深的概念，甚至以为这是程序员或者数据分析师才能做的事情。

实际上，A/B 测试非常简单，普通人也可以轻松使用它，尤其是在短视频、社交媒体、电商和邮件营销等领域，它可以帮你找到最优的标题，提升点击率、阅读量和转化率。

A/B 测试也叫对照实验，就是在相同的条件下测试两个不同的版本，然后比较哪一个效果更好。

你可以理解成：

- A 组：标题 A（原始版本）。

- B 组：标题 B（优化版本）。

目标：看看哪个标题的点击率、阅读量、转化率更高。

核心思想：

- 同样的内容，换不同的标题，看用户更喜欢哪一个。

- 用数据说话，而不是凭感觉决定哪个标题更好。

- 不断优化，找到最有效的标题，提高阅读量、播放量、转化率。

▶ 案例：公众号文章的 A/B 测试

我用 AI 生成了两个标题，看看哪个点击率更高。

标题 A（普通版）：AI 写作工具介绍。

标题 B（优化版）：用了 AI 写作，我的广告点击率提高了 3 倍！

测试结果：

标题 A 的点击率为 3.2%。

标题 B 的点击率为 12.7%。

结论：标题 B 的点击率比标题 A 高出近 4 倍。

AI 优化示例：

输入 AI 的优化指令：

复制编辑：请帮我优化公众号文章标题，主题是"AI 如何帮助普通人写出吸引人的文案"。

目标：让人更愿意点击阅读，提高阅读量。

请给出两个版本的标题，适合进行 A/B 测试。

AI 生成的 A/B 测试标题：

标题 A（普通版）：AI 写作工具介绍。

标题 B（优化版）：学会这个 AI 技巧，写文案再也不费脑！

测试方式：

- 在公众号后台投放两组文章，分别使用标题 A 和标题 B。

- 观察哪个标题的打开率、阅读量更高。

- 选出效果最好的标题作为最终版本。

AI 如何赋能？

- AI 可以一次性生成多个测试标题，提升优化效率。

- 结合数据反馈，不再凭感觉决定用哪个标题。

第四节

不同平台的 AI 标题优化策略

不同平台，标题的策略完全不同。

表 3-3

平台	标题要求	优化重点
短视频 （抖音 / 快手 /YouTube）	20 字以内，吸引点击	煽动性+悬念+短、平、快
电商 （淘宝 / 京东 / 小红书）	包含关键词，搜索引擎优化	数据+优惠+产品特色
社交媒体 （微博 / 朋友圈）	互动性强、容易转发	问题型+感性表达
邮件	20 字以内，吸引打开	行动驱动+紧迫感

▶ 案例：AI 优化不同平台的标题

输入 AI 的优化指令：

复制编辑：请帮我生成不同平台的标题，主题是"AI 写作的优势"。

目标：让人愿意点击、购买、互动。

请提供短视频、电商、社交媒体、邮件的不同标题优化方案。

AI 生成的不同平台标题：

短视频：90% 的人都不会用 AI 写作，别再浪费时间了！

电商：AI 智能写作，5 分钟搞定文案！限时 5 折！

社交媒体：用了 AI 写作，我的阅读量竟然翻了 3 倍！

邮件：你的写作效率即将提升 300%，快来看看！

适用场景：

- 短视频：抖音、快手、B 站等。
- 电商：淘宝、京东、小红书等。
- 社交媒体：微博、朋友圈、LinkedIn 等。

• 邮件：邮件营销、产品推广等。

你准备好了吗？

AI 不仅能帮你写标题，还能让你的标题更精准、更有效。

用 AI 一次性生成 10 个不同风格的标题，批量测试，选出最优版本。

结合 A/B 测试和数据反馈，AI 可以自动优化你的标题策略。

任务

用 AI 生成一组不同风格的标题，测试哪种类型最有效。

第四章

怎么用 AI 写朋友圈文案

▷▷ ▷▷ ▷▷

为什么你的朋友圈没人看

朋友圈为什么重要？

很多人可能觉得朋友圈就是分享日常生活的小功能，随手发点东西，没什么特别的。但在个人IP打造和私域商业变现的时代，朋友圈的价值远比你想象的要大得多。

朋友圈 = 你的个人 IP 展示窗口

朋友圈是别人对你的第一印象。当一个人加了你的微信，第一件事通常是翻看你的朋友圈，看看你是做什么的，你的内容是否有价值，是否值得关注。

如果你的朋友圈充满了有价值的信息、吸引人的文案和互动性强的内容，那么你就能在朋友的心中建立起自己的 IP 形象。

朋友圈 = 私域流量的核心

在私域流量的玩法中，朋友圈是最稳定、最直接的触达渠道。

比起短视频、公众号、电商平台，朋友圈的用户都是你的精准用户，他们更有可能转化为你的客户。

为什么很多微商、私域操盘手坚持每天发朋友圈？

因为朋友圈是他们的核心营销阵地。通过长期运营，他们可以在朋友圈完成"种草"、转化、成交的完整链路。

- "种草"：持续发布有价值的内容，让朋友觉得你专业、有实力。

- 信任：展示用户反馈、成交案例，增加可信度。

- 成交：通过高质量的文案，引导用户咨询、下单。

如果你想打造个人品牌，或者在朋友圈卖货赚钱，你必须重视你的朋友圈内容。

为什么你的朋友圈没人看？

很多人每天都在朋友圈发内容，但互动却寥寥无几，为什么？

误区一：发的内容太"无聊"

你是不是经常这样发朋友圈：

今天又是努力工作的一天，加油！

这个产品真的很好用，大家快来买吧！

生活就是这样，平平淡淡才是真。

问题：这样的内容没有吸引力，无法引起共鸣。

解决方案：

朋友圈的内容必须让人感兴趣，让人愿意看，愿意点赞，甚至愿意互动。

误区二：你的朋友圈 = 广告墙

如果你每天发的朋友圈都是这样的：

新品上市！今天特价！

快来买，限量优惠！

这个产品真的超棒，点击购买！

问题：朋友圈不应该只是卖货的地方。

如果你的朋友圈每天都是生硬的广告，久而久之，朋友们会觉得你只是想赚他们的钱，甚至可能屏蔽你。

解决方案：

在朋友圈卖货要"润物细无声"；先"种草"，再成交。

通过真实体验、用户反馈、案例分享来激发用户的购买兴趣，而不是直接推销。

朋友圈内容应该有故事、有情绪、有价值，而不是"硬广"。

误区三：没有吸引力

朋友圈的第一句话非常重要！如果你的开头不够吸引人，别人刷过去的速度比你想象得还快。

普通朋友圈文案（没有吸引力的开头）：

这款 AI 写作工具很好用，推荐给大家。

问题：太普通，没有吸引力，没人点开。

优化后的朋友圈文案（带吸引力的开头）：

你敢相信吗？我用 AI 写了一篇文章，阅读量竟然翻了 3 倍！

为什么这个开头更有效？

- 引发好奇心（"你敢相信吗"）。
- 提供具体结果（"阅读量翻了 3 倍"）。
- 让人想知道更多（"他到底用了什么方法"）。

误区四：没有互动引导

很多人发朋友圈只是单方面地说"我今天干了什么"或者"这个产品很好"。但朋友圈不是单向广播，而是社交互动的地方。

如果你不在文案中引导朋友留言、点赞、互动，你的朋友圈很容易被忽略。

错误示例（缺少互动）：

AI 写作真的太厉害了！

优化后的朋友圈（带互动引导）：

你觉得 AI 能完全取代人类写作吗？来讨论一下吧！

互动 = 让朋友愿意参与，让朋友圈更有"社交感"。

朋友圈文案的三大核心要素

让朋友圈有人看、有人点赞、有人互动，你的文案必须包含这三个核心要素：吸引人的"钩子"（让人愿意点开看）；真实、有温度的故事（让人产生共鸣）；互动引导（让人愿意点赞、留言、分享）。这些就是我们接下来要讲的——AI 写朋友圈文案的"黄金三步"。

AI 写朋友圈文案的"黄金三步"

朋友圈文案不是简单地描述你的日常，而是需要有策略地吸引用户的注意力、引发共鸣、鼓励互动。

我们总结出让 AI 帮你生成朋友圈文案的"黄金三步"。

第一步：制造"钩子"吸引人

你的朋友圈文案第一句话，决定了有没有人愿意继续看下去。

你需要用一个吸引人的"钩子"，让人对你的内容产生兴趣。

好的钩子示例：

你相信吗？我用了 AI 写文案，效果极好！（让人想知道到

底是什么效果）

3 分钟就搞定一篇爆款文案？我亲自试了一下。（引发好奇心）

朋友圈卖货太难？我找到了一个让你意想不到的方法。（激发共鸣 + 悬念）

第二步：用简单的故事引起共鸣

朋友圈的本质是社交，人们更愿意关注和互动的内容是真实的、有温度的故事。

你可以让 AI 帮你写一个简单的故事，让读者在短时间内产生共鸣。

好的故事示例：

昨天我朋友苦恼不会写文案，我让他试了一下 AI，3 分钟后，他惊呆了！

以前我发朋友圈没人看，直到我学会了这个 AI 小技巧，现在每条都有人点赞！

本来以为 AI 写文案很复杂，结果它竟然比我自己写得还好！

第三步：加上互动，让人愿意留言

为什么互动很重要？

- 互动会提高朋友圈的"曝光度"，让更多人看到你的内容。

- 互动会让你的朋友觉得有参与感，愿意关注你的动态。

- 互动还能帮助你建立更紧密的社交联系。

要让朋友愿意互动，你需要在朋友圈文案的结尾加上一个简单的问题或邀请。

互动引导示例：

你有没有试过用 AI 写文案？留言告诉我！

你觉得 AI 能完全替代人类写作吗？来讨论一下！

如果你想试试 AI 写作，私信我，我帮你申请免费的体验。

第三节

AI 写作实战案例：
如何用 AI 生成优质的朋友圈文案

▶ **案例一：用 AI 生成朋友圈文案，轻松卖出 10 件产品**

很多人做朋友圈卖货，发了一堆产品介绍，结果没人买。问题出在哪里？

错误的朋友圈文案（普通版）：

这款护肤精华很好用，大家快来买吧！

问题：

- 没有吸引人的"钩子"，不会让人产生兴趣。

- 没有故事，让人感觉像广告。

- 没有互动，朋友不知道该怎么回应。

使用 AI 优化朋友圈文案：

输入 AI 的优化指令：

复制编辑：请帮我写一条朋友圈文案，推广一款抗衰老护肤精华。

目标：让朋友产生兴趣，愿意咨询和购买。

请按照"黄金三步"进行优化：

- 制造吸引人的"钩子"。
- 用简单的故事吸引共鸣。
- 结尾加入互动问题。

AI 优化后的朋友圈文案：

你相信吗？用了这款精华，我的肌肤状态比两年前还要好！

以前，我总是觉得护肤品没什么用，直到我发现了这款抗衰老精华。

它含有高浓度玻尿酸，能深层修复肌肤，让皮肤每天都透亮饱满。

现在有个限时福利，想试试的朋友请留言"我要"。

▶ 案例二：如何让 AI 帮你写一条"让朋友忍不住点赞"的朋友圈

朋友圈的点赞数，不仅代表你的内容的吸引力，也影响你的"社交曝光率"。如果你发的内容经常没人点赞，那可能是你的文案无法打动人。

错误的朋友圈文案（普通版）：

今天又是努力工作的一天，加油！

问题：

- 没有亮点，朋友看了也不知道该说什么。

- 太普通，没有情绪价值，不能引发共鸣。

- 没有互动引导，无法提高参与度。

使用 AI 优化朋友圈文案：

输入 AI 的优化指令：

复制编辑：请帮我写一条朋友圈文案，主题是"努力工作"。

目标：让朋友愿意点赞，产生共鸣。

请按照"黄金三步"进行优化：

- 让开头有吸引力。

- 通过一个小故事引发共鸣。

- 结尾加入互动，让朋友留言或点赞。

AI 优化后的朋友圈文案：

今天发生了一件让我超级有动力的事！

这段时间一直很忙，但刚刚看到自己过去一年的努力，终于有了回报。

以前我总觉得自己进步很慢，但回头看看，原来我已经走了这么远。

你有没有类似的经历？来说说你的奋斗故事吧！

你准备好让 AI 帮你优化朋友圈了吗？

你已经掌握了 AI 写朋友圈文案的"黄金三步"。

第一步：制造吸引人的"钩子"（开头必须吸引人）。

第二步：用简单的故事引发共鸣（朋友圈文案不能像广告，要有温度）。

第三步：加入互动，让朋友愿意留言（好的朋友圈文案 ＝ 互动＋分享）。

任务

打开 AI，输入你的朋友圈主题，让 AI 帮你生成一个让人忍不住点赞的文案。

第五章

短视频文案怎么写

▷▷ ▷▷ ▷▷

○ 我如何在 3 个月内从零做到拥有 130 万粉丝？

○ 短视频已经成为流量最高、传播最快、最容易变现的内容形式。

○ 无论是个人 IP、品牌推广，还是产品销售，短视频都是最有效的
   内容载体。

○ 很多人都会遇到这样的困境：拍了很多视频，播放量却只有几百；
   视频内容很好，点赞量却寥寥无几；投入了很多资金，结果数据
   却上不去。

○ 这些问题的核心，其实就在短视频的文案。

○ 短视频的开头决定了一切！如果第一句话不够吸引人，用户根本
   不会看完，更别提点赞、分享和关注了。

○ 真实案例：如何从零做到拥有 130 万粉丝。

   我在加拿大，用了 3 个月时间，从零开始做视频号，做到了有

   130 万粉丝的视频号，日均涨粉超 1 万，单条视频最高播放量超

   过 1000 万。

   你可能会问：短视频到底有没有方法论？

   答案是：有。而且是可以被拆解、复制的套路。

○ 在这一章，我会用我实战中的核心经验，结合 AI 的强大能力，帮
   你快速提升短视频的播放量和互动率。

为什么短视频的开头决定了播放量

在短视频平台上，开头 3 秒决定了一切。

如果你的开头不够吸引人，用户不会看完、不会点赞、不会评论，更不会转发，你的短视频就很难被推荐出去。

但不同平台的推荐逻辑不同，比如：

抖音 / 快手 /YouTube：完播率 + 互动率决定推荐量。

视频号：内容质量权重大于开头吸引力，但开头仍然影响观看时长。

所以，你必须明白：如果你的视频没有足够的吸引力，你就无法获得短视频流量。

如何让短视频的开头更吸引人？

短视频开头有两种核心吸引力：一是蹭热点，让人"马上想

看"（与热点相关的爆款话题）；二是高唤醒情绪，让人"马上有感觉"（愤怒、惊讶、兴奋、焦虑）。

蹭热点：让观众马上有兴趣

热点可以是娱乐事件、社会新闻、热门人物、近期流行的挑战。

▶ 举例：科技热点

苹果公司在发布会上提到的新功能，真的值那个价格吗？

马斯克最新的 AI 演讲，透露了一个惊天秘密！

热点开头的核心公式：热点人物 / 事件 + 强烈情绪 / 观点 + 悬念。

输入 AI 的优化指令：

复制编辑：请帮我写一段短视频开头，主题是"科技大战"。

目标：让观众能立即产生兴趣，提高完播率。

请生成 3 个不同版本，结合悬念和情绪表达。

AI 生成的科技热点开头：

两个 AI 第一次见面，竟用人类听不懂的语言密谋。当 AI 学会了隐藏对话，人类还能掌控技术吗？

AI 能取代人类的创造力吗？答案就藏在这些漏洞里……

你还在为这场科技大战吃瓜？其实背后有更有趣的故事……

适用场景：

- 蹭流量、热点评论、时事分析类短视频。

高唤醒情绪：让观众马上有感觉

高情绪值的内容，能迅速调动观众的观看兴趣。

在短视频开头，你需要让观众在 1 秒内进入状态，觉得"这个视频有意思"。

▶ 举例：表达愤怒

我真的气炸了！竟然有人敢这样做？！

你敢信？这家公司居然这么黑心！

▶ 举例：表达兴奋

兄弟们！今天终于买到了这款限量版球鞋！

太炸裂了！我刚刚亲眼见证 AI 写出 10 万字的书！

▶ 举例：表达惊讶

天哪！这居然是真的！

我刚刚发现一个短视频流量爆炸的秘密！

情绪唤醒开头的核心公式："强情绪 + 意外信息"。

输入 AI 的优化指令：

复制编辑：请帮我写一段短视频开头，主题是"如何用 AI 写出爆款文案"。

目标：用高情绪值的表达方式，让观众愿意看下去。

请生成 3 个不同版本，分别表达愤怒、兴奋和惊讶。

AI 生成的情绪唤醒开头：

我真的气炸了！居然有人说 AI 写作比人差？（愤怒）

兄弟们！今天教你们一个让 AI 写爆款文案的方法！（兴奋）

你敢信？ AI 居然能秒写 100 条短视频脚本！（惊讶）

适用场景：

- 短视频开头、高互动内容、强烈表达类视频。

让 AI 帮你测试不同的开头，找到最佳版本。

你应该让 AI 一次性生成多个短视频开头，然后测试哪一个效果最好。

如何测试短视频开头？

方式一：多版本发布（同一个视频，换不同开头，看看哪个播放量更高）。

方式二：A/B 测试（在不同时间段发布两个不同开头的视频，分析数据）。

方式三：用户反馈（在评论区让观众投票，看看大家更喜欢哪种风格）。

输入 AI 的指令：

复制编辑：请帮我生成 5 段短视频开头，主题是"AI 写作技巧"。

目标：让观众停留更久，提高完播率和互动率。

请用不同风格（热点、愤怒、兴奋、惊讶、幽默）来写。

AI 生成的 5 种风格短视频开头：

马斯克最新的 AI 演讲，竟然透露了一个惊天秘密！（热点）

我真的服了！有人居然说 AI 写作是骗人的？（愤怒）

兄弟们！今天教你们一个让 AI 写爆款文案的方法！（兴奋）

你敢信？ AI 居然能秒写 100 条短视频脚本！（惊讶）

AI 写作那么强？再不学，以后你可能要失业了！（焦虑）

第二节
AI 帮你写短视频文案的三个套路

套路一：抛出一个问题

让观众产生好奇，想知道答案。

示例：

你知道吗？ AI 写文案，真的只要 5 分钟！

90% 的人都不会用 AI 写作，难怪他们写得这么累！

为什么你的短视频没人看？你可能忽略了这一点！

为什么这样写？

- 提问句式，让观众产生"我要知道答案"的心理。

- 引起好奇心，增加视频的观看时长。

- 让 AI 帮你快速生成多个版本，测试哪个提问效果最好。

输入 AI 的优化指令：

复制编辑：请帮我写一段短视频开头，主题是"AI 写作的好处"。

目标：用提问吸引观众，提升完播率和互动率。

请生成 3 个不同的版本。

AI 生成的提问式开头：

你写文案还需花 2 小时？ AI 只需要 5 分钟！

你相信吗？ AI 写的广告文案比你更专业！

想让你的短视频点赞量翻倍？ 先搞懂这个！

测试方式：

- 让 AI 一次性生成多个提问式开头。

- 发布相同内容的视频，分别测试不同版本。

- 观察哪个版本的完播率、互动率更高。

套路二：讲一个小故事

故事能引发共鸣，让观众更有代入感。

示例：

昨天我朋友试了一下 AI 写作，结果他惊呆了！

前天我用 AI 写文案，客户直接说：就要这个版本！

为什么这样写？

- 真实感：故事让观众觉得你在分享个人经历，而不是在推销。

- 代入感：让观众能联想到自己。

- 让 AI 帮你生成多个版本，调整语气、结构，找到最自然的讲述方式。

输入 AI 的指令：

复制编辑：请帮我写一段短视频开头，用讲故事的方式吸引观众。

主题："AI 写作的真实体验"。

目标：让观众有代入感，提高完播率。

请生成 3 个不同版本，语气要自然，不要像硬广告。

AI 生成的小故事开头：

我昨天试了一下 AI 写作，结果客户直接说：比我自己写得还好！

我朋友说他写文案总是卡壳，我让他试试 AI，结果 5 分钟就搞定了！

本来以为 AI 写作只是噱头，直到我看到它帮我写出的爆款文案！

测试方式：

- 录制不同版本，测试哪个故事引发的互动更多。
- 调整语气、表达方式，让故事更有吸引力。

套路三：制造悬念

让观众忍不住想继续看下去。

示例：

这个 AI 文案技巧，99% 的人都不知道！

别划走！这条视频会让你的广告点击率翻倍！

今天我揭露一个短视频爆款的秘密，千万别错过！

为什么这样写？

- 激发好奇心，让观众停下来观看。

- 用强烈的"承诺"，让观众期待视频内容。

- 让 AI 帮你生成多个版本，找到最吸引人的表达。

输入 AI 的指令：

复制编辑：请帮我写一段短视频开头，主题是"短视频爆款文案"。

目标：制造悬念，让观众愿意看下去。

请生成 5 个不同版本，风格可以夸张一点，但不要骗人。

AI 生成的悬念式开头：

别划走！这条视频会让你的短视频点赞量翻倍！

99% 的人都不知道的短视频标题优化技巧！

这个小技巧，能让你的广告点击率提升 3 倍！

今天我揭露一个短视频流量的秘密，别错过！

如果你的视频播放量很低，可能是因为少了这个关键点！

测试方式：

- 选取不同风格的悬念式开头，测试观众的反应。
- 结合评论区反馈，调整开头的表达方式。

真正的爆款短视频 = 吸引力 + 共鸣

在短视频的世界里，"吸引人"很容易，但"真正有价值"才是王道。

你可以制造焦虑，让人一秒钟停下来，但如果没有共鸣，观众不会长期关注你，你可以用夸张的标题吸引人，但如果内容不好，观众只会留下一句"割韭菜"然后划走；你可以做一条热点视频获得百万播放量，但如果内容和你的 IP 不匹配，观众也不会留下来。

在这个世界变化越来越快、注意力越来越稀缺的时代，我们需要做的不只是让人停留，而是让人真正记住你，愿意长期关注你，甚至愿意为你的内容买单。

一、吸引人 ≠ 违背良心，制造共鸣比制造焦虑更重要

很多爆款短视频都依赖"制造焦虑"的策略，例如："30岁了还没存款？你的人生已经无望了！""短视频变现的时代，你还在傻傻打工？"

这样的内容确实能吸引观众，让他们停下来，但问题是——观众看完后，真的会喜欢你吗？真的会愿意关注你吗？

制造焦虑能吸引人，制造共鸣才能让人长期关注你。

什么是制造共鸣？

制造共鸣就是提供解决方案，而不是只制造恐慌；让观众觉得你是"自己人"，而不是"审判官"；分享真实的经历，而不是只用夸张的营销话术。

错误示例（制造焦虑但没有共鸣）：

30岁了还没存款？你的人生已经无望了！

优化版（制造共鸣）：

我30岁的时候也没存款,后来我做对了这3件事,才慢慢翻盘。

错误示例（制造焦虑但没有共鸣）：

不会用 AI 写作？你的竞争对手已经抢先一步！

优化版（制造共鸣）：

我也是从零开始学习 AI 写作的，今天就教你最简单的方法！

你想要的是短期爆火，还是长期影响力？

- 焦虑型内容 = 短期流量爆发，但很难留住长期粉丝。
- 共鸣型内容 = 观众信任你，愿意关注你、与你互动，甚至买单。

好的短视频不仅仅是"吸引眼球"，更重要的是"创造价值"。

二、如何用 AI 生成有共鸣的短视频文案

AI 可以帮助你生成大量的短视频开头，但如果你只让 AI 写吸引眼球的标题，它会倾向于写出"焦虑型"内容。

正确的做法是，让 AI 帮你写"共鸣型"短视频文案。

输入 AI 的优化指令：

复制编辑：请帮我写一段短视频文案，主题是"如何学会用 AI 写作"。

目标：让观众既感到有吸引力，又能产生共鸣，而不是制造焦虑。

请按照以下结构：

- 开头：用一个问题或故事吸引观众。
- 中间：分享真实经历或可行的解决方案。
- 结尾：鼓励互动，让观众愿意点赞或留言。

请生成两个不同版本。

AI 生成的两个版本：

版本一（故事＋共鸣型）：

我当初学 AI 写作的时候，也觉得很难……但后来，我发现了这个简单的方法！

其实，AI 写作不像你想象的那么复杂，只要掌握 3 个步骤，你就能快速上手。

你觉得 AI 写作会取代人类吗？在评论区聊聊你的看法。

版本二（真实经验＋引导）：

不会用 AI 写作？其实我也是从零开始学的，今天就教你最简单的方法。

这个方法不用任何技术，只要输入对的问题，AI 就能帮你生成高质量的文案。

如果你想试试 AI 写作，打个"1"，我发给你实操指南。

这两个版本的共同点：开头有吸引力，但不制造焦虑；分享真实经历，而不是制造恐惧；鼓励互动，让观众愿意参与评论。

三、短视频文案的黄金结构

如果你想让 AI 帮你写高质量的短视频文案，你可以使用下面的黄金结构——HEART 结构。

表 5-1

步骤	说明	示例
H（Hook）	开头吸引人，让观众停留下来	你知道吗？AI 写文案真的只要 5 分钟
E（Empathy）	让观众感同身受，增强代入感	我也曾经卡壳过，不知道怎么写文案……
A（Action）	提供一个简单可执行的方法	其实，掌握这 3 步，你就能轻松用 AI 写文案
R（Result）	展示结果，让观众看到价值	我用了 AI，文案点击率提升了 3 倍
T（Talk）	结尾鼓励点赞、评论、关注	你用过 AI 写作吗？在评论区聊聊你的看法

总结：真正的爆款短视频 = 吸引力 + 共鸣。

短视频的开头决定播放量，但内容决定你能否建立长期影响力。

制造焦虑可以短期吸引观众，制造共鸣才能让观众长期关注你。

用 HEART 结构写短视频文案，让 AI 帮你生成既吸引人又有价值的内容。

用 AI 生成 2 篇短视频文案，一篇制造焦虑，一篇制造共鸣，看看哪篇更有长期价值。

第六章

电商卖货文案怎么写

▷▷ ▷▷ ▷▷

○ 在 AI 时代，"文案力 = 赚钱力"，特别是在电商行业。

○ 一款好的产品如果没有好的文案，销量可能会平平无奇。

○ 但如果文案足够吸引人，即使是普通产品，也能成为爆款。

○ 过去，很多电商卖家需要依赖专业的文案策划、广告投放、运营优化来提升转化率。

○ 现在，AI 已经让普通人也能写出高转化的电商文案。

AI 如何帮你优化产品介绍，提高销量

在 AI 时代，电商文案已经不再是"拍脑袋写标题 + 随便编几句介绍"的时代了。

一篇真正高转化的电商文案，一定是精准提炼卖点、直击用户痛点、让人看完就想下单的。

你有没有遇到过这样的困境？

- 你做了一场直播，介绍一本书，但不知道它的核心卖点是什么。

- 你的产品有很多特点，但不知道该突出哪一个点。

- 你写了产品介绍，但看上去平淡无奇，导致用户没有购买欲望。

过去，提炼产品卖点是一项"高难度技能"，需要营销高手来做。

但现在，AI 已经让这件事变得简单。

让我们先搞清楚一个最重要的问题——什么是"卖点"？

一、什么是卖点

卖点 = 让用户愿意买单的核心理由。

没有卖点的产品介绍 = 用户看完不知道买它的理由。

一个好的卖点，必须符合以下三个条件：

- 直击用户需求或痛点，让用户觉得"这个就是我要的"。
- 强调产品的独特优势，让用户相信"这个比其他的更好"。
- 让用户有立即行动的冲动，让用户觉得"现在不买就亏了"。

举个例子：如何找到一本书的卖点？

我在做直播卖书的时候，有时候会遇到这样的问题："这本书到底该怎么介绍？我该怎么卖它？"

以前，我会让出版社的编辑或领导讲解一遍，然后根据他们的解读提炼卖点。

但现在，我会直接把这本书的内容、简介、读者评价发给AI，让 AI 帮我提炼卖点。

然后，我在直播间用 AI 给出的卖点介绍这本书时，结果销售效果远比以前好。

AI 如何帮你快速提炼卖点？

输入 AI 的指令：

复制编辑：请帮我提炼这本书的 3 个核心卖点。

书名：《高效能人士的七个习惯》

目标：让我可以在直播间用最吸引人的方式介绍这本书。

请确保卖点：

- 直击读者需求。

- 突出书籍的独特价值。

- 让人有购买冲动。

AI 提炼的卖点：

- 让你从"忙碌低效"变成"目标清晰、高效成功"。

- 七个习惯 = 让你拥有亿万富翁的思维方式。

- 全球畅销 4000 万册，影响力覆盖 90 个国家，成功人士都
在读。

结果：

直播时，我用这3个卖点介绍这本书，观众的购买率大幅提升。

以前要靠人工提炼的卖点，现在 AI 几秒钟就能搞定。

同样的方法，也可以用于电商产品的卖点提炼。

接下来，我们看看 AI 如何帮你优化产品文案，提高销量。

当你在淘宝、京东、小红书、抖音等电商平台上卖产品时，你的文案决定了你的销量。

同样的产品，普通文案与 AI 优化文案相比，转化率可能相差 10 倍。

普通产品介绍（低转化）：

这款护肤精华含有玻尿酸，能够保湿补水。

问题：太普通，没有吸引力，用户不会心动。

AI 优化步骤：

输入 AI 的优化指令：

复制编辑：请帮我优化这款护肤精华的产品介绍。

目标：让文案更吸引人，提高用户的购买欲望。

请确保：

- 让用户快速理解产品的价值。

- 直击用户痛点，让用户有购买冲动。

- 在结尾加入促销信息，增强紧迫感。

AI 优化后的产品文案（高转化）：

少女肌养成神器！5 倍玻尿酸深层补水，24 小时牢牢锁住水分，时刻保持肌肤水润娇嫩。

你还在被干燥、细纹、暗沉等问题困扰吗？这款精华就是你的救星！只需 1 瓶，就能让肌肤水润透亮，宛如新生！

它蕴含天然植物精华，搭配抗氧化配方，温和不刺激，敏感肌也能放心用！

今日下单立享 8 折优惠，还加赠送试用装！如此划算，还不赶紧下单抢购？

为什么这个版本更有效？

- 卖点清晰，用户能快速理解产品的价值。

- 直接解决用户痛点，让用户有购买冲动。

- 加入促销信息，制造紧迫感，提高转化率。

让 AI 帮你批量优化电商文案：

输入 AI 的优化指令：

复制编辑：请帮我优化一款电商产品文案，产品是一款蓝牙耳机。

目标：让文案更吸引人，提高转化率。

请生成3个不同版本，既强调产品性能，又能突出用户体验，还能结合限时促销信息。

AI 生成的 3 个版本：

- 性能版：震撼 3D 音效蓝牙耳机，30 小时续航＋超轻佩戴，随时随地畅享音乐！

- 体验版：戴上这款蓝牙耳机，感受电影院级音质！智能降噪，高清通话，让你沉浸在音乐的世界中！

- 促销版：限时特惠！蓝牙耳机 5 折抢购，智能降噪＋高清通话，快来抢！

第二节

AI 如何用 EPAC 公式
优化电商文案，让销量翻倍

一、传统 EPAC 公式

在传统的电商文案写作中，EPAC 公式是一种高效的方法，能够快速搭建一篇高转化的产品介绍。

表 6-1 传统 EPAC 公式

步骤	作用	示例
E（Easy）	让用户一眼看懂产品是什么	这是一款蓝牙耳机

续表

步骤	作用	示例
P（Problem）	告诉用户它能解决什么问题	普通耳机续航太短，影响使用
A（Advantage）	突出你的产品为什么比别人好	超长续航 30 小时 + 智能降噪
C（Call-to-Action）	促使用户马上下单	限时折扣 5 折，立即抢购

在 AI 时代，EPAC 公式的每一步都可以用 AI 更轻松地完成。

过去，写一篇高转化的电商文案，可能需要人工思考、用户调研、文案优化等多个步骤，但现在，你只需要把产品信息输入 AI，它就能帮你完成整个 EPAC 结构的优化。

二、AI 如何优化 EPAC 公式的 4 个关键步骤

▶ E（Easy）： 让 AI 帮你用最简单的话术介绍产品

很多电商卖家写产品介绍时，最大的问题就是——啰唆。

• 介绍太复杂，用户看不懂。

- 介绍太抽象，用户没兴趣。

过去，你可能需要自己总结产品介绍。

传统写法（人工提炼）：这款护肤精华含有玻尿酸，能够滋润肌肤。

现在，你只需要让 AI 直接提炼。

输入 AI 的优化指令：

复制编辑：请用最简单、最直白的方式介绍这款护肤精华。

目标：让用户一眼就能看懂，不要使用复杂的术语。

AI 优化后的 E（Easy）部分：

深层补水神器，一抹即吸收，24 小时滋润肌肤！

为什么这样更好？

- 直接告诉用户"产品是什么"（深层补水神器）。

- 让用户一眼就能看懂产品的核心特点（一抹即吸收 +24 小时滋润），不啰唆、不复杂，适合所有用户。

▶ P（Problem）： 让 AI 帮你分析用户痛点

过去，你需要自己思考用户的痛点。

传统写法（自己想）：很多人皮肤干燥，需要补水。

现在，你可以让 AI 帮你分析你的产品用户群，并提炼痛点。

输入 AI 优化的指令：

复制编辑：请分析这款护肤精华的目标用户，并告诉我他们的主要皮肤问题。

目标：提炼用户痛点，并用一句话表达出来。

AI 优化后的 P（Problem）部分：

皮肤干燥、细纹增多、上妆卡粉？这款精华 1 瓶搞定！

为什么这样更好？

- 直接点出用户痛点（干燥、细纹、卡粉）。

- 让用户看到自己的问题，产生"我要解决它"的需求。

- 用"1 瓶搞定"提供快速解决方案，提升用户的购买欲望。

▶ A（Advantage）：让 AI 帮你突出产品的核心优势

过去，你需要自己研究产品卖点。

传统写法（人工优化）：这款护肤精华含有玻尿酸和抗氧化成分，能够补水。

现在，你可以直接让 AI 帮你提炼产品优势，并与竞品对比。

输入 AI 的优化指令：

复制编辑：请帮我提炼这款护肤精华的核心卖点，并与市面上的普通精华做对比。

目标：突出本产品的独特优势，提高用户的购买欲望。

AI 优化后的 A（Advantage）部分：

5倍玻尿酸＋天然植物精华,锁水更持久,比普通精华多补水3倍!

为什么这样更好?

- 提供数据对比（5倍玻尿酸,让用户觉得"比普通产品更强"）。
- 突出独特成分（天然植物精华，增强信任感）。
- 增强吸引力（比普通精华多补水 3 倍）。

▶ C（Call-to-Action）： 让 AI 帮你优化购买引导

过去，你可能只会简单地写"点击购买"。

传统写法（自己写）：现在购买，限时折扣！

现在，你可以让 AI 帮你优化促销文案，让用户有紧迫感。

输入 AI 的优化指令：

复制编辑：请帮我优化这款护肤精华的购买引导，让用户更有购买冲动。

请加入紧迫感和限时促销信息，提高转化率。

AI 优化后的 C（Call-to-Action）部分：

限时 8 折，今天下单送试用装！快抢！

为什么这样更好？

- "限时 8 折"让用户感觉"现在买更划算"。

- "送试用装"提供额外价值，增强吸引力。

- "快抢！"增加紧迫感，促使用户更快做决定。

第三节
三大 AI 优化案例：
让你的产品更有吸引力

在电商时代，同样的产品，不同的文案，转化率可能会相差 10 倍。

如果你的文案不够吸引人，用户不会点击，不会查看详情，更不会下单。

▶ 案例一：AI 优化图书文案——《百年孤独》

目标：让这本书更具吸引力，适合电商详情页、小红书、抖音带货文案。

问题：很多用户对经典文学作品有兴趣，但又觉得这些作品晦涩难懂，不知道它到底好在哪里。

普通版本（低转化）：

《百年孤独》是加西亚·马尔克斯的代表作，讲述了布恩迪亚家族的百年兴衰。

问题：太学术化，没有代入感，用户看完不会有购买冲动；没有突出这本书的情绪价值，没有让用户觉得"这是一本我必须读的书"。

AI 优化后（高转化）：

输入 AI 的优化指令：

复制编辑：请帮我优化《百年孤独》的图书电商文案。

目标：让文案更具吸引力，提高用户购买欲望。

请使用 EPAC 公式进行优化：

- 让用户快速理解这本书的核心价值（E）。

- 让用户产生情绪共鸣，觉得自己需要读这本书（P）。

- 突出它的独特性，让它比其他书更有吸引力（A）。

- 结尾加入促销信息，增加紧迫感（C）。

AI 优化后的文案：

百年家族传奇，一本书读懂人生的孤独与命运。

一座与世隔绝的小镇，一个充满魔幻色彩的家族，七代人的悲欢离合，构成这部"让人读完久久不能忘怀"的史诗巨作。

"人生不过百年孤独。"这本书陪伴无数人度过低谷期，让你在故事里找到自己。

今日购书立享 8 折，买就送精美书签！让这部传世经典成为你的枕边书！

优化亮点：

- 用情绪共鸣引发阅读兴趣（"人生不过百年孤独"）。
- 强调这本书的独特魅力，让用户感觉这是一本"非读不可"的作品。
- 通过限时促销，增强紧迫感，提高下单率。

▶ 案例二：AI 优化在线课程文案——《人工智能时代弯道超车》

目标：让课程变得更容易被理解，吸引普通人报名，特别是对 AI 感兴趣但没有技术背景的人。

问题：课程名称很有吸引力，但很多人不清楚自己适不适合学。

普通版本（低转化）：

《人工智能时代弯道超车》是一门帮助普通人了解 AI 发展趋势的课程，限时特价 299 元。

问题：太直白，没有用户代入感，无法让人产生学习的紧迫感；没有强调学习的好处，缺少转化动力。

AI 优化后（高转化）：

输入 AI 的优化指令：

复制编辑：请帮我优化《人工智能时代弯道超车》的在线课程文案。

目标：让普通人看到文案后愿意报名学习，不要过于技术化。

请使用 EPAC 公式进行优化：

- 让用户快速理解这门课能给他们带来什么（E）。

- 让用户意识到如果不学，他们可能会错过什么（P）。

- 突出课程的独特价值，为什么这门课程比其他课程更值得学（A）。

- 结尾加入促销信息，提高报名转化率（C）。

AI 优化后的文案：

普通人也能掌握 AI 时代的财富密码！

未来 10 年，懂 AI 的人会拥有更高收入及更多机会！

这门课帮你零基础掌握人工智能的核心知识，抓住 AI 时代弯道超车的机会！

著名滞销书（玩笑）作家李尚龙老师授课，手把手教你如何用 AI 提升生产力、打造个人品牌，实现副业变现！

限时特价 299 元，仅限今日报名！立刻开启你的 AI 时代！

优化亮点：

- 让用户感觉自己学 AI 是"必要的"（未来 10 年，懂 AI= 更高收入）。
- 让课程变得"接地气"，不会让普通人觉得 AI 高高在上。
- 通过限时特价，制造报名的紧迫感。

▶ 案例三：AI 优化儿童 AI 对讲机（小窗 AI）文案

目标：让这款产品更容易被家长接受，突出陪伴孩子的特点。

问题：家长可能会担心产品只是一台普通对讲机，没有太

多价值。

普通版本（低转化）：

小窗 AI 是一款 AI 儿童对讲机，支持多种 AI 语音功能，可以陪伴孩子。

问题：语言太普通，家长无法感受到产品的独特性；没有情绪共鸣，缺少代入感。

AI 优化后（高转化）

输入 AI 的优化指令：

复制编辑：请帮我优化"小窗 AI"儿童 AI 对讲机的产品介绍。

目标：让家长看到文案后愿意购买。

请使用 EPAC 公式进行优化：

- 让家长快速理解这款产品的作用（E）。

- 让家长意识到孩子可能遇到的陪伴问题（P）。

- 突出产品的独特价值，为什么它比普通对讲机更好（A）。

- 结尾加入促销信息，提高购买转化率（C）。

AI 优化后的文案：

AI 时代的"童年小伙伴"！

孩子的"AI 玩伴"，24 小时智能对话，让孩子不再孤单！

宝宝有问题，AI 随时解答；想听故事，AI 随时陪伴！

多种 AI 语音角色可选，孩子的科普小老师、睡前故事专家、情感小伙伴，一机搞定！

今日下单，立减 100 元，送 AI 语音故事包。快来为孩子抢一个！

优化亮点：

- 让家长感受到产品的情绪价值（"孩子的 AI 玩伴"）。
- 突出 AI 的独特能力，让家长觉得"普通对讲机做不到这些"。
- 通过限时优惠，增强购买动力。

总结：

- AI 可以用 EPAC 公式，快速优化任何产品文案，提高销量。
- AI 帮你提炼产品的最佳卖点，普通人也能写出高转化文案。
- 无论是书籍、在线课程，还是儿童智能产品，AI 都能帮你精准提炼核心价值。

任务

把你的产品信息输入 AI，看看它能帮你优化出什么样的高转化文案。

第七章

广告文案怎么写

▷▷ ▷▷ ▷▷

○ 广告无处不在，关键是你在"花钱"还是在"赚钱"。

○ 在现代社会，广告已经成为信息流的一部分，它影响着我们的购物决策、品牌认知，甚至生活方式。

○ 你每天都会看到无数广告，但你有没有想过：广告是怎么演变的？为什么有些广告让人想买，而有些广告会被人忽略？

○ 在 AI 时代，广告文案应该怎么写？

○ 在这一章，我们将用 AI 时代的广告写作公式，教你如何写出高点击率、高转化的广告文案，让你成为赚钱的人，而不是单纯的消费者。

广告的本质：
变化的形式，不变的核心

你真的理解广告吗？

广告无处不在，你每天都会看到各种各样的广告：

- 你在刷抖音时，看到一个主播推荐产品，这是一种广告。

- 你在地铁里，看见墙上的饮料海报，这也是广告。

- 你打开微信，朋友圈里有人分享某个课程，这依然是广告。

但你有没有想过，广告的本质到底是什么？它是如何影响我们的生活的？

为什么有些人通过广告赚了钱，而有些人只是不断被广告影响、掏钱购买？

广告诞生后，世界上出现了两种人：

做广告的人：他们掌握了流量密码，靠广告赚到了钱。

看广告的人：他们不断被广告吸引，最终掏钱买单。

你希望成为哪一种人？

如果你想赚钱，而不是单纯地花钱，那你必须重新理解广告的本质。

一、广告的进化史：从报纸时代到 AI 时代

广告从诞生的那一天起，就一直在变化。

▶ 报纸广告（19 世纪）——文字广告的黄金时代

早期广告以报纸和杂志为主，主要是用大篇幅的文字来介绍产品。

这一时期，谁的文字吸引人，谁的产品就能卖得好。

代表性广告：19 世纪的医药广告、工业产品推广。

广告核心：让产品"被看见"。

▶ 收音机广告（20 世纪初）——声音的影响力

广告从纯文字变成了有声营销，让产品推广变得更加有吸引力。

由于没有画面，好的声音广告必须用"故事＋想象"吸引听众。

代表性广告：20 世纪 20 年代，美国第一条收音机广告是一家房地产公司推广的房地产项目。

广告核心：让用户"对品牌产生印象"。

▶ 电视广告（20 世纪中期）——视觉＋声音，建立品牌认知

电视广告成为最具影响力的广告形式，品牌通过 30 ～ 60 秒的视频进行推广。

由于电视是"单向传播"，品牌广告讲求重复播放，让消费者形成潜意识认知。

代表性广告：可口可乐、麦当劳等品牌开始投放大量的电视广告，建立全球品牌影响力。

广告核心："洗脑式"品牌推广，创造消费者需求。

▶ 互联网广告（21 世纪初）——精准投放，让广告找到合适的人

互联网让广告开始精准化、个性化，广告不再是"广撒网"，而是"投给特定的人"。

Google Ads、Facebook 广告等投放系统，让广告主可以精准追踪用户兴趣、行为，提高广告 ROI（投资回报率）。

代表性广告：你浏览购物网站的某个商品之后，所有网页都会推送类似产品的广告（再营销广告）。

广告核心："精准触达"用户，提高转化率。

▶ 自媒体广告（现在）——每个人都可以是广告主

传统广告主要由企业品牌投放，但现在，每个人都可以做广告。

短视频、直播带货、KOL "种草"，这些都是新的广告形式。

代表性广告：某知名主播的直播间，每推荐一款产品都是一个广告。

广告核心：让"信任关系"促成购买（KOL、网红营销）。

▶ AI 广告（未来）——智能文案、自动化投放

AI 广告文案优化，让普通人也能写出高转化的广告文案。

AI 自动投放系统，让广告主不需要人工优化，也能精准投放广告。

代表性广告：AI 自动生成的广告文案，已经在 Google、

Facebook 等平台测试应用。

广告核心："个性化 + 自动化"营销，精准击中用户需求。

二、广告的本质：哪些在变，哪些没变

▶ 广告的形式在变

从报纸、收音机、电视、互联网到自媒体，再到 AI 智能投放，广告的传播方式越来越多样，广告的影响力也越来越大。

▶ 广告的技术在变

过去的广告靠感觉、创意，现在的广告靠数据、算法。

AI 可以帮你优化广告文案、精准定位用户，提高投放效果。

但广告的本质从未改变，广告的目的始终是：让用户行动。

广告的核心是：让产品进入用户的心智。

广告的影响力是：让用户"看到、记住、购买"。

过去，广告是"企业在做"；现在，广告是"每个人都可以做"。

在 AI 时代，普通人也可以利用广告赚钱，而不仅仅是看广告、被广告影响。

三、AI 时代，广告文案如何发生改变

过去，写一条高转化的广告文案，需要：创意 + 市场分析 + 用户调研 + 文案测试。

只有文案高手才能写出吸引人的广告。

但在 AI 时代，你可以：用 AI 快速生成多个广告文案，不用绞尽脑汁地想创意。

用 AI 优化广告标题，提高点击率和转化率。

用 AI 根据数据反馈，调整广告文案，提高 ROI。

AI 广告文案短小精悍，直接促成用户行动。

过去的广告文案：

本公司成立于 1999 年，专注于智能家居行业，提供高品质家电。

AI 优化后（短小精悍）：

限时 8 折！ AI 智能家居，语音控制，让生活更便捷！（吸引力更强）

在 AI 时代，广告的核心法则是：

- 更短（用户注意力越来越短）。

- 更精准（让 AI 帮你优化投放效果）。

- 更自动（广告系统 +AI 自动调整，让投资回报率最大化）。

AI 时代，普通人如何用 AIDA 公式写出高转化广告

一、传统广告 VS AI+ 广告，普通人如何借助 AI 写广告

过去，广告文案的创作是一项专业技能，只有经验丰富的广告策划、营销专家才能写出让人愿意点击、购买、转发的广告。

但在 AI 时代，广告文案的创作方式发生了颠覆性的变化，普通人也可以用 AI 写出高转化率的广告文案。

传统广告文案的创作流程：

- 市场调研：分析用户群体、竞品、需求。

- 提炼卖点：找出产品最有吸引力的优势。

- 创意构思：思考如何表达才能让用户感兴趣。

● 测试优化：发布不同的广告版本，观察数据，不断调整。

问题：传统方式需要大量时间、经验和反复测试，普通人很难做到。

AI+ 广告 = 普通人也能轻松写出吸引人的广告。

AI+ 广告文案的优势：

● 用 AI 自动提炼卖点，不需要自己思考。

● 用 AI 生成多个创意版本，节省大量时间。

● 用 AI 优化广告标题，提高点击率。

● 用 AI 根据用户反馈自动调整，提高转化率。

在 AI 时代，广告的本质不变，仍然是"让用户产生行动"，但文案的写法变得更简单、更精准、更高效！

接下来，我们将用 AI+ 广告的 AIDA 公式，教你如何快速写出高点击、高转化的广告。

二、AIDA 公式：AI 时代的广告文案写作方法

AIDA（Attention–Interest–Desire–Action）公式是经典的广告文案结构，适用于短视频广告、社交媒体广告、电商广告、公众号广告等。

AIDA = 吸引注意力（A）+ 激发兴趣（I）+ 产生欲望
（D）+ 行动召唤（A）。

表 7-1

步骤	作用	示例
A（Attention）	让用户第一眼被广告吸引	90% 的人都不知道的 AI 写作技巧
I（Interest）	让用户意识到这个产品 / 服务对自己有用	3 分钟学会 AI 写文案，效率提升 10 倍
D（Desire）	让用户感受到"我需要这个"	全球 100 多万个营销人都在用，效果提升 3 倍
A（Action）	让用户立刻下单 / 注册 / 点击	立刻免费试用，亲自体验效果

AI 可以帮你自动优化 AIDA 的每一步，让广告文案更吸引人、更精准。

接下来，我们用 AI 优化 3 个真实广告案例，看看 AI 如何帮助普通人写出高转化广告。

▶ 案例一：AI 优化抖音 / 视频号短视频广告，提高点击率

目标：优化一条短视频广告，提高播放量和互动率。

平台：抖音、视频号。

产品：AI 写作工具。

普通广告文案（点击率低）：

AI 写作工具，提升你的内容质量。

问题：太普通，没有吸引力，用户不会想点进去看；没有突出"为什么用户需要它"。

让 AI 根据 AIDA 公式优化广告文案：

输入 AI 的优化指令：

复制编辑：请帮我优化一条抖音 / 视频号短视频广告文案，产品是"AI 写作工具"。

目标：提高广告播放量和互动率。

请使用 AIDA 公式进行优化：

- 吸引用户注意力（A）。

- 让用户对 AI 写作产生兴趣（I）。

- 让用户产生购买欲望（D）。

- 让用户采取行动（A）。

AI 优化后的广告文案：

短视频脚本：

开头（Attention）：

"你写文案还需要花 2 个小时吗？ AI 只需要 5 分钟！"（引发用户兴趣）

中间部分（Interest+Desire）：

"这个 AI 能自动优化标题、生成广告文案，3000 多位营销人都在用！"（制造信任感）

"不管是短视频标题、电商文案、社交媒体广告，它都能搞定！"（强化痛点）

结尾（Action）：

"现在就试试！免费体验，看看你的广告点击率能提升多少！"（强烈行动引导）

优化亮点：

- 开头吸引力强（"你还在花 2 个小时写文案？ AI 只需要 5 分钟"）。
- 突出 AI 的价值（"3000 多位营销人都在用"）。
- 强烈行动号召（"免费体验"让用户愿意尝试）。

▶ 案例二：AI 优化公众号文章广告，提高点击率

目标：优化一篇公众号广告标题，提高文章点击率。

文章主题：AI 写作优化广告文案。

普通标题（点击率低）：

如何用 AI 提升广告文案质量？

问题：太普通，没有吸引力，用户不会点开。

让 AI 根据 AIDA 公式进行优化：

输入 AI 的优化指令：

复制编辑：请帮我优化公众号文章的标题，主题是"AI 写作优化广告文案"。

目标：提高点击率，让更多用户点击阅读。

请生成 3 个不同版本：

- 强调"错误"让用户想改进。

- 用"数据"让用户觉得有价值。

- 制造悬念让用户想点进去看。

AI 优化后的标题：

90% 的人写广告文案都在犯这个错误，你也中招了？（强调错误）

用了这款 AI 写作工具，我的广告点击率提升了 300%！（数据吸引）

如果你不会用 AI 优化广告，你的竞争对手会抢走你的流量！（制造紧迫感）

优化亮点：

- 制造紧迫感（"你也中招了"）。

- 用数据提升可信度（"点击率提升 300%"）。

- 增强对比（"你的竞争对手会抢走你的流量"）。

▶ 案例三：AI 优化电商广告，提高转化率

目标：优化一款蓝牙耳机的电商广告，提高购买转化率。

销售平台：淘宝。

普通广告文案（转化率低）：

便携式蓝牙耳机，音质清晰，佩戴舒适。

问题：语言太普通，用户不会有购买冲动；没有提供紧迫感，无法刺激用户下单。

让 AI 根据 AIDA 公式优化广告文案：

输入 AI 的优化指令：

复制编辑：请帮我优化一款蓝牙耳机的电商广告文案，提高

转化率。

请使用 AIDA 公式进行优化：

- 吸引用户注意（A）。

- 让用户对耳机感兴趣（I）。

- 让用户产生购买欲望（D）。

- 促使用户立即下单（A）。

AI 优化后的广告文案：

"震撼 3D 音效"蓝牙耳机，30 小时续航，超轻佩戴！

5000 多条好评，音乐发烧友的首选！

限时特惠，今天下单立享 5 折！快抢！

AI 时代，广告的未来：
内容与广告的完美融合

一、过去的广告 VS 现在的广告：为什么用户越来越"讨厌"广告

你有没有这样的经历？

- 你打开优酷、爱奇艺、腾讯视频，想看一部剧，结果发现前面要看 30 秒广告，还不能跳过。

- 你忍不住充了 VIP，终于不用看广告了，结果发现片中突然插入硬广，让你瞬间出戏。

- 你刷短视频，看到一个内容不错的博主，结果讲着讲着对方突然停下来，开始"安利"产品，让你瞬间没了兴趣。

广告一直在变化，但用户对"坏广告"的耐受度越来越低。

过去广告是"强制观看"，但当用户开始反抗后，广告商不得不改变策略。

真正好的广告，是用户"愿意看，甚至主动分享"的广告。

那么，未来的广告是什么样的？ AI 的出现会如何改变广告行业呢？

二、广告的发展趋势：从"强制推送"到"自然融入"

过去的广告模式（用户被迫观看）：

广告插在内容前：你必须看完广告，才能看到真正的内容。

广告插在内容中：你正看得起劲，突然被强制插入一段广告，让你烦躁。

广告霸屏式推广：你刷个新闻，打开 App，到处都是广告。

核心问题：用户不喜欢、不愿意看，甚至开始反感广告。

现在的广告模式（让广告"看起来不像广告"）：

广告正在从"干扰型"向"内容型"转变。

广告不再是打断用户的东西，而是成为内容的一部分。

广告不再是生硬的推销，而是传达让用户愿意接受的信息。

举例：

现在的广告是这样做的：

- 软广植入（电视剧、综艺）：明星喝的咖啡、穿的衣服，其实是广告，但你不会觉得突兀。

- 短视频"种草"（抖音、小红书）：KOL、网红用体验式推荐，让你觉得这款产品真的好用。

- 内容与广告结合：如泰国的广告，短短几分钟，故事反转不断，你看完后不仅记住了品牌，还愿意主动分享。

未来的广告＝高质量的内容＋无痕营销＋用户接受度更高。

三、AI 会如何改变广告

有人会问，AI 的出现，会让广告变得更好吗？

答案是：AI 不会改变广告的本质，但会让广告制作更加高效、精准、个性化。

AI 在广告中的 4 大核心作用：

- AI 让广告写作更快：AI 可以帮你生成 100 篇广告文案，你只需要选择最好的。

- AI 让广告投放更精准：AI 可以分析用户数据，把广告投

放给真正感兴趣的人。

- AI 让广告更智能： AI 可以自动调整广告，A/B 测试哪个效果更好。

- AI 让内容和广告结合得更自然：AI 可以自动生成短视频脚本、优化社交媒体文案，让广告更像"优质内容"。

但有一个东西 AI 做不到——创意。创意还是属于人类。

只有好的创意才能吸引人，才能让广告被愿意观看、传播。

未来的广告 = 好的内容 + 意外 + 创意。

你知道为什么泰国的广告总是让人愿意看完，甚至主动分享吗？

因为它的广告不是广告，而是好的内容。

泰国广告的成功秘诀：

- 意外性：你以为这是一个普通的剧情，结果故事反转，让你记住了品牌。

- 强烈的情绪感染力：无论是搞笑、感动，还是悬疑，都会让你产生共鸣。

- 广告隐藏在故事里：观众并不觉得"我在看广告"，而是"我在看一个有趣的短片"。

大胆预测：

未来最成功的广告，一定是"让用户看完后忘了自己在看广告"的广告。

四、未来的广告写作法则：创意＋情绪＋AI 优化

未来，普通人也可以用 AI 写出高质量的广告，但你要记住，**AI 只是工具，创意才是核心！**

AI＋广告的三大写作法则：

▶ "钩子"＋情绪＋反转（故事型广告）

示例：泰国公益广告

开头制造悬念：这个穷小孩每天偷药店的药，店主终于忍不住……

中间情绪反转：多年后，店主病倒，一个医生救了他，原来这个医生就是当年的那个孩子。

结尾广告植入：善良是一种投资，这就是×××保险的信念。

▶ KOL+ 真实体验（短视频种草）

示例：抖音好物推荐

开头：我本来不相信这款 AI 写作工具，结果用了之后发现……

中间：它能自动优化标题，让我的短视频点击率翻倍！

结尾：如果你也想试试，点击下方链接领取免费体验。

▶ 用户故事 + 品牌植入（社交媒体广告）

示例：Nike 广告

开头：一个女孩从小就喜欢跑步，但她的家人觉得她做不到……

中间：她坚持训练，终于赢得了第一场马拉松。

结尾：Nike——Just Do It。

未来，广告不再是入侵性的存在，而是成为优质内容的一部分。

AI+ 广告的未来，你准备好了吗？

广告的核心始终不变：让用户产生行动。

但广告的形式在变：过去是强制观看，现在是与内容融合。

　　AI 让广告写作变得更快、更精准，但创意依然属于人类。

　　未来的广告 = 好的内容 + 情绪共鸣 +AI 优化，只有最有创意的广告才能存活。

任务

　　用AI写一篇高转化的广告文案，并加入一个"意外"或"情绪转折"，让你的广告更有吸引力。

第八章

如何让 AI 帮你打造个人影响力

▷▷ ▷▷

○ 在这个信息爆炸的时代，个人 IP 已经成为影响力、信任资产和商业变现的核心。如果你能在朋友圈、社交媒体、短视频平台上建立自己的影响力，你就能掌握话语权、吸引粉丝、实现个人品牌的商业价值。

○ 但问题是，很多人不知道如何打造个人 IP，不知道如何持续输出内容，或者写作能力不足。

○ AI 的出现，彻底改变了这一切！

○ 现在，AI 可以帮你批量生成高质量的内容，它能优化表达，提高关注度，让你的个人品牌更快建立起来。

○ 本章将教你如何用 AI 打造个人品牌，让更多人认识你、信任你，最终愿意购买你的产品或服务。

为什么你必须打造个人 IP

在这个信息爆炸的时代，个人 IP 已经成为影响力、话语权和商业变现的核心。

如果你还没有建立自己的 IP，意味着你在网上没有"发声的地方"，一旦发生争议或危机，你只能被动承受。

为什么个人 IP 如此重要？

我们先来看这些大人物是如何操作的。

农夫山泉创始人钟睒睒：没有发声的地方，意味着被动挨打

过去，钟睒睒在网上被"黑"得很惨，但因为没有自己的社交平台，他只能被动承受。

直到后来，他才意识到没有自己的"发声渠道"，是一件很要命的事情。

马斯克：买推特，打造自己的传播平台

当初，很多人不理解为什么马斯克要花 440 亿美元买推特，现在大家才明白，他需要一个随时可以发声的地方，而不是依赖别人的平台。

比尔·盖茨：被"黑"时，才意识到需要控制自己的叙事权

他被各种阴谋论攻击后，才去找 Netflix 拍纪录片、出书，但等这些作品出来后，舆论已经形成了，想要扭转局势已经来不及了。

周鸿祎、尹烨等企业家：用个人 IP 放大企业势能

- 周鸿祎（360 创始人），靠着"红衣大炮"的犀利观点，迅速在互联网圈建立起自己的 IP，每次大事件都会发声，给 360 带来巨大曝光。

- 尹烨（华大基因 CEO），通过短视频和直播普及生命科学知识，塑造了自己的专家形象，让华大基因这个品牌被更多人关注。

- 刘强东（京东创始人），曾经退居幕后，结果京东不断被唱衰，直到他重新出现在社交平台上，才稳定了品牌信心。

个人 IP 不仅仅是"个人的事"，它还能反哺你的企业，让品牌更具影响力！

我们现在所处的时代，每个人都可以是一个"品牌"。

没有个人 IP 的人，遇到争议只能被动挨打；有个人 IP 的人，可以第一时间控制舆论、引导传播。

个人 IP 的三大核心价值：

- 个人 IP = 影响力（掌握话语权，随时发声）。

- 个人 IP = 赚钱力（你的影响力可以直接变现）。

- 个人 IP = 信任资产（IP 的本质是信任，信任是最值钱的东西）。

第二节

AI 如何帮你找到适合的个人 IP 赛道

很多人想做个人 IP，但不知道自己适合什么赛道，也不知道该如何开始。

你是不是也有这些困惑？

- 我该做什么领域（AI、教育、科技、美妆、职场成长⋯⋯）？

- 如何判断这条赛道适不适合我？

- 如果赛道不对，怎么调整？要不要换方向？

我的建议是：不要纠结，先多试几条赛道。

个人 IP 的赛道不是"想出来的"，而是"做出来的"。

先选择几个你感兴趣的领域，开始发布内容；然后观察流量、互动，看看哪条赛道反馈最好；最后根据数据调整，找到最适合你的方向。

　　我自己在找到"AI"这条赛道之前，也尝试了个人成长、教育等多个领域，最终才确定下来。

　　而在 AI 时代，AI 可以帮你更快地找到最适合你的个人 IP 方向。

　　接下来，我们用 AI+ 公式，让你快速找到个人品牌的最佳赛道。

一、AI+ 个人 IP 赛道选择公式：PSCA 法则

　　PSCA ＝ 兴趣（Passion）＋能力（ Skills）＋内容可执行性（Content）＋受众（Audience）。

表 8-1

步骤	作用	示例
P（Passion）	你愿意长期投入的领域	你喜欢 AI、科技、健身、教育、财经吗
S（Skills）	你的专业能力或经验	你是编程高手、营销专家、摄影师吗

AI 爆款文案：AI 时代的流量密码

续表

步骤	作用	示例
C（Content）	能否持续产出优质内容	是否有足够的话题、案例、趋势可讲
A（Audience）	你的目标用户是否足够多	这条赛道有没有大量的潜在受众

个人 IP 赛道的核心原则：只靠兴趣，不赚钱，做不长久；只靠技能，没流量，变现难；赛道必须有人群、有市场、有变现机会。

如何用 AI 帮你筛选适合的个人 IP 赛道？

输入 AI 的优化指令：

复制编辑：请帮我分析适合我的个人品牌赛道。

我的兴趣：AI、科技、个人成长、教育、财经。

我的技能：写作、短视频制作、课程讲授。

目标：找到最适合我长期发展的个人品牌方向。

请根据 PSCA 公式，分析这几个领域的优劣势，并推荐最佳方向。

AI 分析结果：

表 8-2

赛道	兴趣（P）	能力匹配度（S）	内容可执行性（C）	受众市场（A）	适合度
AI 科技	√	√	√	√	最佳选择
个人成长	√	√	√	√	可尝试
教育	√	√	√	√	可尝试
财经	√	√	×	√	不适合（需要深厚的专业背景）

结论：最适合 AI 科技赛道，个人成长和教育可以作为辅助内容。

这样，你就能在开始之前，先用 AI 帮你筛选出最适合的个人 IP 方向，少走弯路。

二、AI+ 个人 IP 流量测试公式：TIRA 法则

TIRA = 尝试多条赛道（Try）+ 数据迭代（Iterate）+ 优化内容（Refine）+ 分析受众（Analyze）。

如何用 TIRA 公式测试个人 IP 的最佳方向？

- 先在不同赛道发布 10~20 条内容（短视频、文章、社交媒体帖子）。

- 观察数据，分析哪些内容的互动率、流量最高。

- 继续优化表现好的内容，调整策略。

- 分析受众，找到目标用户最感兴趣的点。

用 AI 帮你批量生成不同赛道的内容：

输入 AI 的优化指令：

复制编辑：请帮我生成针对不同赛道的短视频文案。

目标：测试不同赛道的流量表现，找到最受欢迎的方向。

请提供：

- AI 科技方向的短视频文案。

- 个人成长方向的短视频文案。

- 教育领域的短视频文案。

AI 生成的短视频文案

- 90% 的人都不知道的 AI 写作技巧，学会这个技巧，效率提升 10 倍！（AI 科技）

- 普通人与高手的差距，其实就这三点，学会你也能逆袭！（个人成长）

- AI 已经能帮孩子学习了？这款 AI 学习工具，改变未来教育方式！（教育）

测试步骤：

首先，把这些内容发布到短视频平台（抖音 / 视频号）或社交媒体（公众号 / 小红书）上；其次，观察哪条赛道的流量最好、互动率最高；最后，确定你的个人品牌主赛道。

这样，你可以用 AI 快速测试多个方向，而不是辛苦半年才

发现选错赛道了。

三、AI+ 个人 IP 内容优化公式：BRACE 法则

BRACE = 品牌感（Branding）+ 相关性（Relevance）+ 真实性（Authenticity）+ 清晰度（Clarity）+ 互动性（Engagement）。

如何用 BRACE 公式优化你的内容，让个人 IP 更具影响力？

- 品牌感（Branding）：确保你的内容有统一风格，让人记住你。

- 相关性（Relevance）：你的内容要符合你的赛道和用户需求。

- 真实性（Authenticity）：用户喜欢真实的人，不要假装"专家"。

- 清晰度（Clarity）：你的内容表达要清晰，让人容易理解。

- 互动性（Engagement）：引导用户留言、点赞、分享，让算法推荐你的内容。

让 AI 帮你优化内容，提高影响力。

输入 AI 的优化指令：

复制编辑：请帮我优化这篇社交媒体文案，让它更有品牌感、互动性和传播性。

原文：

AI 正在改变我们的生活，你觉得未来 AI 会如何影响你的工作？

优化方向：

- 让文案更有个人品牌风格。
- 让表达更清晰有力。
- 让结尾有互动，引导用户留言。

AI 优化后的文案：

AI 正在悄悄改变一切！未来只有两种人：掌握 AI 的人，被 AI 淘汰的人！

未来 10 年，你的工作还安全吗？哪些行业最容易被 AI 取代？

你怎么看？留言聊聊你的观点。

优化亮点：

- 品牌感更强（有个人风格）。

- 表达更有力（用"未来只有两种人"增强冲击力）。

- 互动性更高（引导用户留言）。

第三节
个人 IP 是长跑，AI 只是助推器

本章最后，说两句心里话，越来越多人意识到个人影响力的重要性，但很少有人能真正坚持下去。

很多人刚开始做短视频、做公众号、做社交媒体，一看流量低，就放弃了。

但那些最终成功的人，都是长期输出、坚持不懈的人。

我自己也是，即使有时候流量不多，我依然坚持做。

不仅要做，还要不断思考选题，优化表达，提高内容质量。

选题力和逻辑力是长期积累的能力，不是随便拍几个视频就能掌握的。

做个人 IP 不是"一夜爆红"，而是长期积累的复利效应。

但好消息是，AI 可以帮你降低坚持的难度，让你更容易持续输出。

一、为什么你必须坚持做个人 IP

在这个时代，个人 IP= 个人的财富。

你今天的每一篇文章、每一条视频，都是你未来的"品牌资产"。

如果你做了 3 个月流量不多，就放弃，你永远不会有影响力。

你看到的那些做得好的 KOL、网红、个人品牌，背后都是长期坚持输出的结果。

他们不是每条内容都爆火，但他们从来没有停止过更新。

个人品牌，不是靠一条爆款视频做起来的，而是靠 1000 条持续更新的内容做起来的。

如果你不开始，你就永远不会有机会。

如果你开始了，但坚持不下去，你就和没有开始的人没有区别。

二、如何用 AI 降低"坚持做内容"的难度

坚持很难，但如果有工具帮你，你会发现这件事可以更容易。

AI 可以帮你减少做内容的阻力，让你更容易坚持。

- 选题更轻松：你不用每次都绞尽脑汁地想内容，AI 可以帮你出选题方案。

- 写作更高效：你不用每次都花几个小时写文章，AI 可以帮你生成初稿。

- 优化表达：你不用担心自己的文案不够吸引人，AI 可以帮你优化。

- 分析流量：你可以让 AI 帮你分析哪些内容更受欢迎，调整方向。

你要做的就是坚持做，别让流量左右你的决心。

你会遇到低谷期，所有做内容的人都会经历这一点。

但你必须相信"坚持"这件事本身的价值，而不是被流量一时的涨跌影响。

你做内容不是为了"爆火一次"，而是为了长期建立影响力。

有一天，你的文章、视频、观点会成为你的资产，让你拥有真正的"个人品牌价值"。

AI 能帮你做的，是让这条路走得更轻松、更高效，但最终的坚持，必须是你自己。

三、个人 IP 成长的底层逻辑

我能在 3 个月做到拥有 130 万粉丝，靠的不是运气，而是一

个稳定的成长公式：长时间思考 + 每天更新（习惯培养）+ 真实 + 利他。

这就是个人 IP 成长的底层逻辑。

- 长时间思考：不是随便发内容，而是不断琢磨选题，思考什么才是有价值的内容。

- 每天更新（习惯培养）：内容更新频率要稳定，让观众形成习惯，习惯性来看你的内容。

- 真实：社交媒体上有太多人包装自己，但用户只会信任真实的人。

- 利他：提供有用的价值，而不是只想着"我要涨粉、我要赚钱"。

你只要按照这个公式去做，就一定会积累自己的影响力。

我做内容这么久，平台有时也会说"你流量下降了"，但我从不焦虑。

因为我知道，只要保持这个状态，流量的起伏只是短期的，总会迎来更好的结果。

如果你想做个人 IP，不要被流量数据绑架。

按照这个公式去做，时间会证明一切！

第九章

如何用 AI 高效管理社交媒体

▷▷ ▷▷ ▷▷

○ 社交媒体运营：你不再只是用户，你也是运营者。

○ 过去，社交媒体只是一个工具，用户只是用来看内容、点赞、评论、分享。

○ 但随着短视频、自媒体、电商变现的崛起，社交媒体已经不仅仅是社交，它成了品牌运营、个人 IP 打造、商业推广的重要工具。

○ 以前，互联网公司需要招聘社交媒体运营岗位，专门负责内容更新、粉丝互动、流量增长。

○ 现在，你自己就可以成为自己的社交媒体运营者了。

○ 而且，你不需要团队，AI 就能帮你完成这些工作。

○ 过去，你需要自己想内容，自己分析数据，自己优化策略。

○ 现在，你可以用 AI 快速找到热点、生成文案、优化表达，提高你的社交媒体影响力。

○ 本章将带你了解如何用 AI 高效管理社交媒体，让你的个人品牌更快成长。

第一节
你还在为每天发什么内容发愁吗？
AI 帮你一键搞定

一、社交媒体做不下去的核心问题

- 内容断更：一开始很有激情，但一旦没有灵感，就不知道发什么。

- 内容无规划：今天想到什么就发什么，没有持续的内容战略。

- 互动率低：发了很多内容，但没人点赞、没人评论，久而久之就放弃了。

但你有没有想过，AI 可以解决这些问题？

二、如何用 AI 解决"内容焦虑"

每天发什么？——问 AI。

没有灵感？——问 AI。

用户问了一个专业问题，你不知道怎么回答？——问 AI。

过去，我有段时间做社交媒体，遇到用户提问不知道怎么回答。

后来，我直接把用户的问题复制粘贴给 AI，让 AI 帮我整理答案，然后我用自己的语言再讲一遍，效果非常好。

这样不仅节省了时间，还提升了用户的信任感，因为他们会觉得你能提供有价值的信息。

三、如何让 AI 帮你快速生成社交媒体内容

▶ AI 帮你做选题，让你不再苦恼"发什么"

输入 AI 的优化指令：

复制编辑：请告诉我最近社交媒体上的热门话题，适合个人品牌打造。

目标：我要在微博、小红书、公众号发布内容，提高关注度。

请列出 5 个适合近期发的内容方向。

AI 生成的热门选题：

ChatGPT 4.0 来了，它会取代人类吗？（科技趋势）

3 个方法让你的短视频点赞量翻倍！（社交媒体运营）

AI 已经能写作、绘画了，普通人还有什么优势？（职场思考）

未来 10 年最赚钱的职业，你的工作在危险名单中吗？（就业趋势）

你还在靠手写文案吗？ AI 已经帮人日入过万了！（AI 写作变现）

为什么这样的选题有效？

- 结合热点趋势，让你的内容更有讨论度。
- 让用户产生思考，提升互动率。
- 适合社交媒体传播，能快速吸引关注。

▶ 断更？没灵感？——每天早上问 AI

如果你没有固定的更新计划，可能会时不时出现"今天不知

道发什么"的情况。

这时候，你只需要每天早上问 AI 一句话，它就能给你提供当天的社交媒体内容建议。

输入 AI 的优化指令：

复制编辑：请帮我生成今天适合发布的社交媒体内容。

目标：适用于微博、小红书、短视频，能够吸引用户点赞和评论。

请提供 2~3 个不同风格的内容方案。

AI 生成的当天社交媒体内容：

方案一（结合热点）：

AI 刚刚发布新功能！你知道它已经能帮人类做哪些事了吗？

话题：#AI 新功能

互动引导：你觉得 AI 会对你的工作带来什么影响？留言聊聊。

方案二（个人观点）：

你还在靠手写文案？AI 已经帮人日入过万！

话题：#AI 写作变现

互动引导：你会愿意让 AI 帮你写作吗？来讨论一下。

为什么这样做有效？

- 每天都有新内容，不用再担心断更。

- 让 AI 帮你优化话题，提高关注度。

- 互动引导，让用户愿意留言、点赞。

▶ 用户提问不会回答？——复制粘贴给 AI

有时候，用户会问一些专业性很强的问题，比如："如何用 AI 提高社交媒体的互动率？"

如果你不知道该如何回答，你可以直接把这个问题复制粘贴给 AI，让 AI 帮你整理答案，然后再用自己的语言讲一遍。

输入 AI 的优化指令：

复制编辑：用户在我的社交媒体上问："如何用 AI 提高社交媒体的互动率？"

请帮我整理一段专业但易懂的回答，适合微博和小红书的语气。

AI 生成的回答：

提高社交媒体互动率的 3 个方法：

• 写得更有情绪，让用户愿意点赞和评论！（如"这个观点太炸裂了！"）

• 用互动提问，引导用户留言。（如"你怎么看？来聊聊！"）

• 鼓励分享，让更多人看到你的内容。（如"收藏这条内容，随时回顾！"）

为什么这样做有效？

• 你的回答更专业，用户会对你更信任。

• AI 帮你整理思路，让你更高效地输出内容。

• 互动感更强，能提高社交媒体的活跃度。

▶ 让你的文案更有情绪，提高点赞率

如果你的文案太平淡，用户很难产生情绪共鸣。

你可以让 AI 帮你优化文案的情绪表达，让用户更愿意点赞、转发。

输入 AI 的优化指令：

复制编辑：请帮我优化这条微博文案，让它更有情绪，更容

易被点赞："AI 写作真的很方便，很多人都在用。"

优化方向：让语气更有冲击力，更容易引起用户共鸣；加入问题，引导用户点赞、留言。

AI 优化后的文案：

AI 真的太强了！用了它之后，我的文案点击率提升了 3 倍！你还在埋头写文案吗？如果 AI 能帮你写，你会愿意试试吗？评论区聊聊，你用过 AI 写作吗？体验如何？

为什么这样的文案有效？

- 表达更有情绪，让用户更容易产生共鸣。
- 加入互动问题，引导用户点赞、留言。
- 短句式表达，符合社交媒体的传播方式。

AI 的"内容日历"功能，让你不再苦恼

在社交媒体运营中，持续且有计划地发布内容是保持用户关注和互动的关键。然而，许多人在实际操作中常常遇到以下问题：

- 内容发布无计划：今天想到什么就发什么，缺乏整体规划，导致内容质量和用户黏性下降。

- 多平台管理困难：需要在不同的平台上手动发布相同或相似的内容，耗时耗力，且容易出错。

- 缺乏数据分析：无法系统地追踪各个平台的发布效果，难以及时调整策略。

AI 驱动的"内容日历"工具，可以有效解决这些问题，帮助你实现高效的社交媒体管理。

一、什么是内容日历

内容日历是一种用于组织和规划内容创建及发布的工具，适用于各种社交媒体平台、网站、电子邮件、博客等。它可以帮助你提前安排好每天、每周、每月的发布计划，确保内容更新更有策略，而不是随机发帖。

二、AI 如何优化内容日历

AI 技术的引入，使内容日历的制定和管理变得更加智能化和高效。通过 AI 的分析和预测能力，你可以：

- 热点捕捉：实时了解行业趋势和用户关注点，及时调整内容策略。
- 智能推荐：根据历史数据和用户行为，推荐最优的发布时间和内容形式。
- 自动排程：将内容自动安排在最佳时间段发布，覆盖不同的用户群体。

三、内容日历工具推荐

以下是几款值得推荐的内容日历工具，帮助你更好地规划和管理社交媒体内容。

▶ CoSchedule

CoSchedule 是一款集日程安排和内容规划于一体的工具，旨在让你在一个平台内轻松管理编辑内容和社交内容。它允许你分配任务，与团队共享日历，并在计划发生变化时轻松地进行调整。

主要功能：

- 统一视图：在一个内容日历中查看你在不同媒体上的工作内容。

- 拖放操作：使用拖放功能即时更改你的计划。

- 社交媒体管理：计划、起草和发布社交媒体内容和综合社交媒体活动。

- 共享与协作：通过一个链接与内部相关者共享你的内容日历和进度。

▶ Buffer

Buffer 是一款易于使用的社交媒体内容日历和内容安排工具，它能帮助团队在一个地方将社交媒体帖子发布到多个渠道。它新增的 AI 助手，也让团队有机会在产生创意和跨平台重新利用内容方面获得帮助。

主要功能：

- 发布仪表板：易于使用的发布仪表板。

- 综合发布：可在大多数社交媒体平台上进行综合发布。

- AI 助手：帮助构思和改写内容。

- 审批工作流程：使团队合作更轻松。

▶ Hootsuite

Hootsuite 是一个全方位的社交媒体营销工具，帮助你随时随地掌控社交媒体账户。它有五个关键功能：发布、互动、监控、广告和分析。它可以帮助你简单地发布帖子或运行整个社交媒体日历。

主要功能：

- 发布管理：计划和发布内容到多个社交媒体平台。

- 互动管理：与观众互动，回复评论和消息。

- 监控：跟踪品牌提及和行业趋势。

- 广告管理：创建和管理社交媒体广告。

- 分析：分析社交媒体表现，提供报告。

四、一键多平台发布工具

为了进一步提高效率，许多工具提供了一键多平台发布的功能，支持在多个社交媒体平台上同时发布内容。以下是几款值得关注的工具：

▶ 聚媒通

聚媒通是一款海外社交媒体账号管理工具，能够一键发布到多个平台，提供账号管理、内容管理、数据分析等功能。

主要功能：

- 多平台发布：支持一键发布内容到多个社交媒体平台。

- 账号管理：集中管理多个社交媒体账号。

- 数据分析：提供数据分析功能，帮助优化内容策略。

▶ SocialBee

SocialBee 是一种社交媒体管理工具，适用于不同规模的企业，它能够帮助你在社交媒体上进行账号管理、内容创作、跨平台发布内容、在日历中排好要发布的内容。

主要功能：

- 账号管理：管理多个社交媒体账号。

- 内容创作：创作和策划社交媒体内容。

- 跨平台发布：支持跨平台发布内容。

- 内容日历：在日历中安排内容发布。

用 AI 提高社交媒体的互动率

社交媒体的核心不是"单向发布"，而是"互动的游戏"。

高互动率意味着更好的平台推荐、更多的粉丝黏性和更强的品牌影响力。

但很多人做社交媒体的最大问题是：发了很多内容，却没人点赞、评论、转发。

为什么你的社交媒体互动率低？

• 没有引导用户互动：内容太过平铺直叙，用户看完就划走，没有参与感。

• 话题设置不够吸引人：没有制造讨论点，用户没有表达欲望。

• 潜水用户不愿意露面：很多人喜欢看但不留言。

好消息是，AI 可以帮你设计出更具互动性的内容，让你的社交媒体活跃度得到大幅度提升。

一、如何用 AI 优化互动率

提高互动率的关键，是让用户产生表达欲望。

你需要用 HEI 互动公式来优化你的内容，让用户愿意点赞、评论、转发。

HEI = 钩子（Hook）+ 互动引导（Engage）+ 激励机制（Incentive）。

表 9-1

步骤	作用	示例
H（Hook）	用悬念、提问、情绪化表达等吸引注意力	你觉得 AI 会取代你的工作吗
E（Engage）	提供开放性问题，引导用户留言	在评论区聊聊，你最担心 AI 替代哪个职业

续表

步骤	作用	示例
I (Incentive)	通过点赞、转发、奖励等方式鼓励参与	点赞这条内容，我们给你分享 AI 学习资源

二、如何用 AI 快速优化社交媒体文案，提高互动率

输入 AI 的优化指令：

复制编辑：请帮我优化这条微博／小红书文案，让它更有互动性："AI 写作真的很方便，很多人都在用。"

优化方向：

· 让表达更有情绪，让用户更容易共鸣。

· 加入开放性问题，引导用户留言。

· 让语言更适合社交媒体传播。

AI 优化后的文案：

AI真的太炸裂了！用了它之后，我的文案点击率提升了3倍！

你还在手写文案吗？如果 AI 能帮你写，你会愿意试试吗？

评论区聊聊，你用过 AI 写作吗？你的体验如何？

为什么这样更容易提高互动率？

- 开头有情绪冲击（"AI 真的太炸裂了！"）。
- 引导用户留言（"你用过 AI 写作吗？"）。
- 让用户更容易产生共鸣（"用了它之后，我的文案点击率提升了 3 倍！"）。

三、如何让"潜水用户"愿意留言

社交媒体上有大量的"潜水用户"，他们会看，但不会点赞、评论、转发。

但你可以通过引导性话术＋低门槛互动设计，让这些"潜水用户"浮出水面。

让潜水用户留言的三种策略：

▶ 选择二选一的问题

例子：你觉得 AI 会取代更多工作，还是创造更多工作？选

1 还是选 2 ？"

低门槛互动，用户只需要回复"1"或"2"，比长篇留言更容易。

▶ 让用户参与投票

例子："你觉得未来 10 年，AI 能做的事情会超过人类吗？转发 = 同意，点赞 = 不同意。"

让用户用简单动作（点赞、转发）表达观点，比评论更容易。

▶ 诱导式互动

在文案结尾加入："评论区告诉我你的看法。""留言区见。"

研究发现，直接引导用户留言，会让评论率提高 30%。

让 AI 帮你设计互动性强的结尾话术：

输入 AI 的优化指令：

复制编辑：请帮我优化以下社交媒体文案的结尾，提高互动率："未来 10 年，AI 将如何影响我们的工作？"

优化方向：

- 让"潜水用户"愿意留言。

- 让用户参与简单互动（点赞、转发）。

- 让结尾更有吸引力。

AI 优化后的结尾：

你的选择是什么？

点赞 =AI 创造更多机会。

转发 =AI 带来更多挑战。

评论区告诉我，你怎么看？

为什么这样做有效？

- 让用户"做选择"，比让他们自己写评论更容易。

- 点赞、转发成为互动方式，降低用户参与门槛。

- 最后一句话直接引导用户评论，提高互动率。

四、如何用 AI 提高微博和小红书的互动率

微博和小红书的互动率，取决于你的内容是否能引发讨论

和共鸣。

研究发现，提高互动率有 4 个关键点：

- 提问式结尾（让用户有表达欲望）。

- 制造争议（让用户站队，提高讨论度）。

- 引导用户参与投票（降低互动门槛）。

- 给予明确行动指引（"点赞 + 转发 + 留言"组合）。

输入 AI 的优化指令：

复制编辑：请帮我优化一条小红书 / 微博内容，提高互动率。

原文：

AI 会影响未来的就业，你怎么看？

优化方向：

- 让结尾更具互动性。

- 让用户愿意参与投票或留言。

- 适合社交媒体传播。

AI 优化后的微博 / 小红书内容:

未来的工作会变成怎样的呢?　AI 真的会抢走你的饭碗吗?

有人说,AI 会创造新岗位, 让人类更轻松; 也有人说, AI 会让很多行业消失, 危机已经来了! 你的看法呢?

觉得 AI 会创造机会 = 点赞

觉得 AI 会带来挑战 = 留言讨论

为什么这样有效?

- 让用户站队, 提高互动率。

- 点赞 + 留言 + 转发, 多种互动方式。

- 标题有冲突感, 让用户更容易表达观点。

总结:

社交媒体的互动率 = 高质量内容 + 强互动引导 + 低门槛参与。

AI 可以帮你:

- 优化社交媒体文案, 提高评论和转发率。

- 设计更具吸引力的结尾, 提高用户留言意愿。

- 让"潜水用户"浮出水面, 提高整体互动数据。

第十章

AI 写作的未来趋势

▷▷ ▷▷ ▷▷

○ 内容创作的逻辑正在经历一场根本性的变化，这不仅影响个人创作者，也将重塑企业营销、品牌传播和商业增长的模式。

○ 一切商业的本质是流量，各大平台的流量会越来越贵，唯一能带来免费流量的是好的内容，而好的内容不再是有写作能力的创作者的专属，因为 AI 会改变内容创作的逻辑，所以未来一切商业的本质是会用 AI 的内容人。

○ 如果你会用 AI，你就能低成本、高效率地产出高质量内容，无论是短视频脚本、社交媒体文案，还是广告投放素材，都能用 AI 快速完成。

○ 未来，能否掌握 AI+ 内容创作，将决定你在商业竞争中的位置。

第一节

AI 会不会完全取代人类写作

很多人问，AI 会不会彻底取代人类写作？

如果 AI 能写广告、写新闻、写营销文案，那未来还需要人类进行创作吗？

这让我想到一部电影——宋木子等人主演的《银河写手》。

在电影的结尾，AI 已经完全掌握了写作，人类不再需要创作任何内容。

但后来，人们发现 AI 写出来的文章虽然完美无误，却缺乏真正的情感、冲突和意外。

人类的独特之处，反而在于"犯错"——因为错误带来个性、创造力和真正的故事。

于是，未来的博物馆里收藏着"人类犯错的手稿"，因为只

有人类才能写出有瑕疵但有灵魂的作品。

但现实世界的发展比电影更复杂。

我们原以为 AI 不会犯错，但事实是——AI 会犯错，而且只要你给它错误的信息，它就会继续犯错。

所以，AI 不会取代人类。

因为人类知道什么是错的，而 AI 不会。

如果没有人类的价值观、判断力、创造力去指导 AI，AI 只会把错误的信息继续放大。

这本书就是一个例子。

如果你直接让 AI 来写，它可能会输出一堆看起来合理但毫无灵魂的内容。

但如果你先输入你的思考、逻辑、价值观，再让 AI 辅助优化，它才能生成有价值的内容。

AI 不是取代人类，而是增强人类的能力。

未来最强的创作者，不是 AI，也不是单纯的创作者，而是会用 AI 的内容创作者。

一、AI 能做到什么

AI 的强项是速度、效率和数据分析。它能帮你：

- 处理海量数据： AI 可以阅读、分析上亿篇文章，找到趋势和热点。

- 高效生成内容： AI 可以秒写文章、短视频脚本、社交媒体文案，比人类快 100 倍。

- 优化表达：AI 可以根据算法，调整内容结构，让用户更愿意阅读。

- A/B 测试：AI 可以同时生成多个广告版本，测试哪个版本的转化率最高。

这些是 AI 的优势，它可以让你的工作更快、更精准、更高效。

二、AI 做不到什么

AI 仍然有很多无法取代人类的地方，包括：

- 创造真正独特的观点：AI 只能基于已有数据生成内容，无法创造全新的思想。

- 深度洞察用户心理： AI 无法像人类一样理解复杂的情绪、

共情和直觉判断。

- 做出道德判断： AI 不会思考"这样写对不对""这样表达是否合适"，它只会执行命令。

- 真正的艺术创作：AI 可以模仿，但无法真正创作，它无法写出如诺贝尔奖级别的文学作品，也无法写出震撼人心的诗歌。

- 真实的个人经历： AI 无法拥有人生经验，写出来的故事往往缺乏真实感。

所以，AI 是一个强大的工具，但仍然需要人类来引导、判断和赋予价值观。

三、文案创作中，哪些能力不会被 AI 取代

如果你是一个内容创作者，你可以放心，这些能力短期内不会被 AI 取代：

- 独特观点的提出：AI 只能总结已有信息，无法真正形成独立思考。

- 品牌个性的塑造：品牌的差异化、风格、定位，需要人来定义。

- 深度故事的讲述：AI 写的故事往往逻辑完美，但缺乏情

感共鸣。

- 创意广告策划：AI 可以优化文案，但真正的广告创意依然来自人类的直觉和洞察。

- 社会与文化洞察：AI 无法真正理解社会趋势、文化变迁、人类情感等。

以上这些是 AI 做不到的，而如果你擅长这些领域，你就不必担心被 AI 取代。

四、人类 +AI，哪些文案创作能力可以变得更强

虽然 AI 不能完全取代人类，但如果你能掌握"人 +AI"的结合方式，你就能大幅提升自己的内容创作能力。

▶ AI 辅助数据分析：让你的观点更有依据

你可以让 AI 帮你分析用户需求、市场趋势，用数据做支撑，让你的文章更有深度和广度。

▶ AI 优化表达：让你的内容更容易被阅读

你可以写初稿，然后让 AI 优化结构、调整语气，让内容更

流畅、更吸引人。

▶ AI 批量测试文案：让你的营销更精准

AI 可以帮你生成多篇广告文案，测试哪篇转化率更高，让你的营销策略更科学。

▶ AI 辅助故事创作：让你的内容更丰富

你可以用 AI 帮你拓展故事情节，提供不同的结局，让你的创作更加高效。

所以，未来的最佳策略不是"AI 写作"或是"人类写作"，而是"人 +AI 协作"。

那些懂得如何用 AI 提升自己的创作能力的人，将会成为未来的顶级创作者。

第二节
AI+ 短视频、AI+ 社交媒体、
AI+ 品牌营销的新玩法

未来的内容创作会是什么样子？

现在，一个内容创作者的日常是什么样子呢？

- 早上醒来，第一件事是刷抖音、小红书，看看今天有什么热点。

- 然后开始构思选题、找素材、写脚本、拍摄、剪辑、发布。

- 发布后，还要观察数据，调整策略，提高互动率。

但未来，这一切都会变得不一样。

AI 不只是工具，而是你的智能合伙人，它会主动帮你规划内容、生成创意、优化传播方式。

在 AI+ 短视频、AI+ 社交媒体、AI+ 品牌营销的未来世界，你的内容创作流程将彻底改变！接下来我们就大胆畅想一下。

一、AI+ 短视频：你的"AI 创意助手"每天给你推送专属选题

2028 年，一个短视频创作者的早晨

你早上醒来，AI 助手已经帮你整理好了今天的短视频创意。

AI 的第一条推送：

"今天 #AI 绘画技术上了热搜，你可以拍一段测评视频，看看 AI 能不能画出你的照片？"

AI 的第二条推送：

"你的粉丝最近对'副业赚钱'特别感兴趣，你可以做一期'AI 能帮普通人做哪些副业'的视频。"

AI 的第三条推送：

"你的竞争对手昨天刚发了'AI 写小说'的内容，播放量暴增，你可以拍一期'AI 写的小说到底好不好看'的 PK 视频。"

你不需要刷手机找灵感，AI 已经把最适合你的选题送到你的面前。

甚至，你连脚本都不用写，AI 已经自动生成了几篇可用的短视频文案，你只需要微调，加入你的个人风格，然后拍摄即可。

未来的短视频创作流程：

- AI 每天早上推送 3 个适合你的短视频选题。

- AI 自动生成脚本、分镜、台词，你只需要调整风格。

- AI 自动剪辑、添加字幕、优化特效，你直接发布。

- 短视频创作从"找选题、想内容"变成了"执行拍摄、优化风格"。

未来的创作者比的不是谁更有灵感，而是谁能更高效地执行 AI 生成的创意。

二、AI+ 社交媒体：智能互动，AI 帮你自动运营你的社交账号

2030 年，一个社交媒体博主的日常

你不用再每天绞尽脑汁地写微博、小红书文案，因为 AI 已经替你管理好了一切。

早上，你的 AI 助手问你：

今天你的粉丝在讨论"AI 能否完全取代人类"这个话题，我已经帮你写好了 3 条微博，你想发哪一条？

- "AI真的要取代人类了吗？未来的工作会变成这样！"（附一张 AI 生成的未来职场的图片）

- "未来 10 年，你的工作还能保住吗？"（投票选项：A. AI 会带来更多机会；B. AI 会让很多人失业）

- "如果你可以选择，你希望AI帮你做什么？"（互动型内容，引导粉丝留言）

你选定了一条文案，AI 立即自动排程发布，并开始监控互动数据。

下午，你的 AI 助手提醒你：

你之前发布的帖子有 5 条高质量评论，我已经帮你生成了 3 条有趣的互动回复，你可以选一条来发。

未来，你的社交媒体账号不是由你手动更新，而是由 AI 运营 + 你个人风格结合的方式进行管理。

你不用花时间想选题、写文案、优化互动，AI 全部帮你完成。

未来的社交媒体运营流程：

- AI 每天生成社交媒体话题，推送给你。

- AI 自动优化互动话术，提高用户参与率。

- AI 智能分析粉丝兴趣，调整内容方向。

未来，你不再是"手动运营账号"，而是"管理你的 AI 助手"。

三、AI+ 品牌营销：AI 帮你制订专属的品牌成长计划

2035 年，一个新品牌如何崛起

你刚刚创办了一个新的 DTC（Direct-to-Consumer）品牌，卖的是高端健康食品。

以前，你需要花几个月时间做市场调研、策划广告策略、测试投放效果，但现在，你的 AI 营销管家已经替你完成了所有规划。

第一步：AI 自动生成品牌定位

根据市场数据分析，你的产品最适合瞄准 30~40 岁注重健康的都市白领，他们关注"低碳饮食"和"高蛋白食物"。

你的品牌风格应该是"简约、科技感、环保"。

第二步：AI 生成全渠道营销方案

你的目标用户活跃在小红书、微博、抖音，我已经帮你生成了针对不同平台的广告文案。

- 小红书：30 岁后，吃对食物 = 健康加倍！低碳 + 高蛋白

的完美组合，你值得拥有！

- 微博：你的健康投资，从每天一口高蛋白开始！＃低碳生活

- 抖音：你知道吗？这种食物的蛋白含量比牛肉高 3 倍！（附短视频）

第三步：AI 自动优化广告投放

AI 会根据实时数据，调整广告策略，自动优化预算分配。目前你的"健康饮食指南"短视频在 30~35 岁女性用户中反响最好，我建议加大投放。

未来的品牌营销流程：

- AI 自动分析市场趋势，生成品牌定位方案。

- AI 自动编写广告文案，并适配不同平台。

- AI 实时监控广告效果，自动调整投放策略。

品牌营销的本质不再是"烧钱买流量"，而是"AI 智能化运营"。

第三节
未来 AI 写作的五个大趋势

AI 写作的进化速度远超我们的想象，未来几年，AI 不仅会深度融入内容创作的各个环节，甚至会改变整个行业的规则。

AI 不会取代人，但不会用 AI 的人会被淘汰。

未来的竞争，不是"AI VS 人类"，而是"会用 AI 的内容创作者 VS 不会用 AI 的人"。

谁能更快掌握 AI 的能力，谁就能在内容创作领域占据优势。

事实上，在我之前写的《年轻人会用的 AI 写作》这本书里，我当时仍然认为 AI 只会辅助我们写作。

那时候只有 ChatGPT 3.5，它的能力主要是优化表达、辅助创作。

但今天，随着 ChatGPT 4.0 及更先进的 AI 模型的出现，我

已经不确定 AI 的边界了。

甚至，我还猜测，总有一天，AI 会彻底颠覆我们的内容创作方式。

以下是未来 AI 写作的五大趋势，也是你必须抓住的内容变革机遇。

一、AI 将成为内容创作的标配工具

未来的写作，不再是"人工 VS AI"，而是"人 +AI 协作"。

如果你还觉得"AI 写作只是辅助工具"，那么你的思维就需要升级了。

未来，AI 不是可选项，而是所有内容创作者的必备工具。

未来的内容创作流程：

- AI 自动生成选题：你只需选择最合适的方向即可。

- AI 生成初稿：你只需调整表达、优化个性化部分。

- AI 优化文案：提高可读性和搜索引擎优化效果。

- AI 预测受众反应：智能调整内容方向。

未来的写作模式不再是"写"，而是"编辑 + 优化"。

如果你还停留在"手动从零写文章、写脚本"的阶段，你的

工作效率可能会比使用 AI 的人慢 10 倍以上！

案例：

未来的作家：AI 生成故事大纲，你提供创意和风格，快速写出高质量的小说。

未来的营销人：AI 生成广告文案，你优化细节，调整品牌风格。

AI 不会取代人，但不会用 AI 的人会被淘汰！

二、AI+ 短视频将成为新风口

未来，短视频不再只是"真人出镜 + 剪辑"，而是"AI 全自动化生产"。

AI 将帮助短视频创作者大幅提高效率，甚至让普通人也能轻松做短视频。

未来的短视频生产模式：

- AI 生成视频脚本：你只需要微调即可。

- AI 生成合成语音、虚拟人主播：让你无须真人出镜。

AI 自动剪辑、加字幕、优化视频内容：让短视频生产速度提升 5~10 倍。

- AI 分析观众喜好，优化短视频内容：提高播放量和互动率。

未来的短视频，不是"你花很多时间做"，而是"让 AI 帮你做"。

案例：

一个普通人可以这样做短视频：

- 早上 AI 推送当天 3 个短视频选题。
- AI 自动生成视频脚本，你调整细节。
- AI 合成语音，自动匹配虚拟主播。
- AI 剪辑、加字幕，直接发布。

未来，最强的短视频创作者不是那些剪辑技术好的人，而是懂得如何用 AI 高效创作内容的人。

三、 AI 优化社交媒体，提高互动率

未来，社交媒体不再靠"手动更新"，而是靠"AI 智能运营"。

AI 如何优化社交媒体？

- AI 生成每日发文内容：让你的社交媒体不再断更。

- AI 优化互动话术： 提高用户点赞、评论、转发率。

- AI 智能分析粉丝兴趣：自动调整内容方向，提高关注度。

未来，你的社交媒体账号将由 "AI 运营团队 + 你个人风格" 联合管理。

未来的社交媒体运营流程：

- AI 推送热门选题，你可以选择适合自己的内容。

- AI 生成文案，你可以调整个性化表达。

- AI 优化互动方式，提高点赞和评论数。

- AI 分析数据，智能调整。

四、未来，内容创作者的角色将变成 "AI 合作者"

在 AI 时代，创作者不再是单纯的内容生产者，而是 AI 的合作者。

未来的内容创作流程：

- 你提供创意方向、设定品牌风格。

- AI 提供选题、生成内容、优化表达。

- 你可以进行微调，加入个人特色，发布内容。

AI 不是来替代你的，而是让你的创作更快、更精准、更具竞争力。

未来，最成功的创作者不是单打独斗的人，而是"能驾驭 AI 的人"。

如果你学会用 AI 赋能你的内容创作，你将成为下一个内容领军者。

五、AI 不会取代人，但不会用 AI 的人会被淘汰

当初写《年轻人会用的 AI 写作》这本书时，我认为 AI 只是辅助写作的工具。但现在，随着 AI 能力的提升，我的观点正在改变。

未来，AI 不只是辅助工具，它会成为写作的核心引擎，甚至可能完全重塑内容创作的逻辑。

未来，内容创作不只是"人类自己写"，而是"人 +AI 的协作"。

未来，你不再是"写作者"，而是"AI 创作的管理者"。

未来，不会 AI 的人将会被内容行业淘汰。

现在就是你学习 AI 写作的最佳时机！

第四节
结尾：感谢你读完这本书

编辑邀请我写这本书时，我还没想过自己可以用 AI 结合之前的知识，这么快写完一本书。

在这本书的写作过程中，我使用了 ChatGPT、DeepSeek、Grok 等 AI 工具，AI 的强大让我深感震撼。

但我最想感谢的并不是 AI，而是那些真正让这本书变得更好的"活生生的人"。

感谢策划及修改稿件的编辑，感谢绘制封面和内页的美编。

是你们的智慧、专业和坚持，让这本书真正成为一本值得出版的作品。

AI 确实强大，但书的诞生并不是 AI 的功劳，而是人类的创造力首先驱动了这一切。

这本书之所以能这么快完成，是因为人先有了从 0 到 1 的想法，AI 才能从 1 扩展到无穷大。

如果没有人类的思考、判断和灵魂，AI 写得再快，也只是一堆"正确但无趣的文字"。

未来的创作方式，不是 AI 取代人，而是"人类 +AI"的共创模式。

从 0 到 1，依然需要人类的创新、思考、灵感。

从 1 到无限，AI 可以帮助我们加速、优化、放大影响力。

当然，我也想感谢我自己，愿意在这个时代尝试新的写作方式，探索 AI 写作的可能性。

更重要的是，感谢你，感谢正在读这本书的你。

没有你，这次写作不会有意义。

没有你，这次 AI 与人类共同完成的出版实验，也不会成为现实。

感谢你愿意在这个新时代，和我一起拥抱未来。

我们正在见证历史，而你，正是这场变革的一部分。

谢谢你。

APPENDIX

附录

▷▷ ▷▷ ▷▷

附录一
AI 写作工具推荐

▶ DeepSeek

DeepSeek 是国内可用的 AI 写作工具之一,适用于内容创作、广告文案、策划案、公文写作、论文辅助等多种场景。

▶ ChatGPT

ChatGPT 可用于创作文章、优化文案、提供灵感、调整格式,还能帮助用户进行调研、数据整理等。

▶ Claude

Claude 在长文本创作方面表现突出,特别适用于小说、故事写作,以及较长篇幅的文章撰写。

▶ 文心一言（ERNIE Bot）

文心一言适用于国内用户，支持中文内容优化、文本生成、自动摘要等功能。

▶ 秘塔写作猫

秘塔写作猫适用于改写文章、润色文案、纠正语法错误等。

▶ 讯飞星火

讯飞星火由科大讯飞开发，主要用于智能写作、语音识别与翻译，适合需要跨语言创作的用户。

使用 AI 写作工具的技巧：

• 目标设定：明确写作目标，如需要广告文案、故事、策划案等。

• 描述：提供清晰的背景信息，如写作风格、语气、受众群体等。

• 需求细化：指明格式、字数、结构要求。

• 调整：与 AI 进行多轮交互，不断优化输出内容。

• 添加个性化表达：使 AI 生成的内容更符合人的思维逻辑和情感需求。

附录二
AI 写作常见问题解答

在使用 AI 写作的过程中，很多人都会遇到各种疑问。以下是一些最常见的问题及解答，希望能帮助你更好地理解并使用 AI 赋能你的文案创作。

▶ AI 写作真的靠谱吗

AI 写作已经非常成熟，能够帮助你快速生成高质量文案，但它本质上仍然是辅助工具，不能完全替代人类写作。

AI 写作的优势：

- 速度快：AI 可以在几秒钟内生成一篇文章或文案。
- 思维发散：AI 能提供多个创意角度，帮助你拓展思路。
- 优化表达：AI 可以帮你调整语气、优化结构，提高可读性。

AI 的局限性：

· 无法原创思想：AI 基于已有数据生成内容，不能创造全新观点。

· 需要人类判断：AI 可能会犯错，需要人类进行审核和优化。

· 缺少深度情感：AI 可以写故事，但无法真正体验人类情感。

如何用 AI 高效写作？

· 用 AI 生成初稿，但最终定稿需要人类修改、优化。

· 给 AI 精准的指令（如使用 STAR 公式或 WTF 公式），让它产出更符合需求的内容。

· 结合你的独特观点，让 AI 生成的文案更有个性。

▶ AI 能写哪些类型的内容

AI 已经可以应用在多个领域，几乎覆盖所有内容创作场景。

AI 写作的主要应用场景：

· 短视频脚本：生成吸引人的开头、文案，提高播放量。

· 广告文案：生成高点击率的广告标题和描述。

· 电商文案：优化产品介绍，提高转化率。

· 社交媒体文案：提高微博、小红书、公众号互动率。

· 新闻和资讯：生成新闻摘要、趋势分析等内容。

- 邮件 /PPT 文案：提高职场效率，快速生成专业文本。

如何让 AI 写出更精准的文案？

- 使用 STAR 公式。

- 明确你的目标受众，让 AI 优化内容风格。

- 提供具体要求，让 AI 输出符合你的需求的内容。

▶ AI 写的内容和人类写的内容有什么区别

AI 的优势：

- 速度快，几秒钟内生成内容。

- 结构清晰，逻辑性强。

- 能批量生产，适合企业营销、大规模内容生产。

AI 的局限：

- 缺乏情感共鸣，人类的真实经历、细腻的情感，AI 难以模拟。

- 创意有限，AI 不能像人类一样产生完全独特的想法。

- 需要人类优化，AI 可能会生成重复或不准确的内容。

如何利用人 +AI 写出高质量文案？

- AI 写初稿 + 人优化：AI 帮你快速生成内容，你进行调整、润色。

- 人类提供创意 + AI 优化：你设定核心思路，AI 帮你补充细节、优化表达。

- 结合真实故事 + AI辅助：你提供真实案例，AI帮你完善叙述。

▶ AI能提高社交媒体互动率吗

是的！AI可以帮你优化社交媒体文案，提高点赞、转发和评论率。

AI优化社交媒体文案的方法：

- 生成高互动标题：让用户更愿意点击。

- 优化结尾，增加互动引导：例如："你怎么看？留言聊聊。"

- 调整语气，让内容更有情绪感：例如"天哪！这篇AI文案技巧太炸裂了！"

如何用AI提高社交媒体互动率？

- 使用提问式结尾，引导用户留言。

- 用AI优化话术，让语言更吸引人。

- 测试多个版本，找到互动率最高的文案。

▶ AI写作会取代人类吗

AI不会取代人类，但不会用AI的人会被淘汰！

未来，内容创作不再是"人 VS AI"，而是"人 + AI 协作"。

AI 可以提高写作效率，但真正有价值的内容仍然需要人类的思考、判断和创造。

未来的写作模式：

从 0 到 1 的创意：仍然依赖人类。

从 1 到 100 的优化：AI 可以帮助提升效率。

从 100 到无限：AI 可以帮助扩展内容影响力。

▶ 如何开始使用 AI 写作

如果你是新手，可以这样开始：

选择一个 AI 写作工具（如 ChatGPT、DeepSeek、Claude）。

从简单的任务入手（如优化朋友圈文案、生成广告标题）。

练习使用 STAR 公式，让 AI 生成更精准的内容。

结合自己的思考，让 AI 写作的内容更加个性化。

常用的创作公式

在本书中，我总结并实践了多种 AI 写作公式，帮助你快速掌握创作高质量内容的方法。无论是短视频脚本、电商文案、广告标题、社交媒体互动，还是品牌营销、个人品牌打造，这些公式都能让你更高效地利用 AI 写出精准、吸引人的文案。

一、STAR 公式——让 AI 生成精准文案

适用于：短视频、广告、电商、社交媒体、邮件。

STAR= Situation（文案类型）+ Target（目标受众）+ Action（行动引导）+ Result（核心卖点）。

附表 1

要素	解释	示例
S（Situation）	你要写什么类型的文案	短视频脚本
T（Target）	目标受众是谁	年轻职场人
A（Action）	你希望用户做什么	鼓励用户点赞和评论
R（Result）	你的核心卖点是什么	AI 能帮你用 5 分钟时间写出高质量文案

▶ 示例：用 STAR 公式优化朋友圈文案

原始文案：

AI 写作挺好用的，大家可以试试。

使用 STAR 公式优化后的文案：

用了 AI 写作，我的文章阅读量竟然比以前提升了 5 倍！

以前我写一篇公众号文章要花 2 个小时，现在用 AI，5 分钟就能帮我搞定初稿！

你有没有试过 AI 写作？留言告诉我。

二、WTF 公式——让 AI 写出吸引人的内容

适用于：广告、短视频、电商详情、品牌营销等。

WTF= Write（写什么）+ Target（写给谁看）+ Function（文案目的）。

附表 2

要素	含义	示例
W（Write）	你需要 AI 写的内容	朋友圈文案、广告标题、短视频脚本
T（Target）	你的目标受众是谁	年轻人、上班族、宝妈、创业者
F（Function）	你希望文案达成什么目标	吸引点击、促进购买、提高互动率

▶ 示例：用 WTF 公式优化短视频标题

原始标题：

AI 写作教程。

使用 WTF 公式优化后的标题：

90% 的人都不会用 AI 写作！这才是爆款文案的秘诀！

AI 写文案真的这么强？ 1 分钟教会你！

三、 HOT 公式—— 让 AI 写出高点击率标题

适用于：短视频标题、广告文案、社交媒体贴文。

HOT= Hook（钩子）+ Outcome（结果）+ Tension（张力）。

附表 3

要素	解释	示例
H（Hook）	用好奇、悬念、数字吸引用户	90% 的人都不知道的 AI 写作技巧
O（Outcome）	让用户知道看完标题能学到什么	3 分钟学会 AI 写文案，效率提升 10 倍
T（Tension）	用悬念、挑战、对比制造紧迫感	如果你不会用 AI，你的竞争对手已经领先了

▶ 示例：用 HOT 公式优化社交媒体文案

原始文案：

AI 写作真的很方便，很多人都在用。

使用 HOT 公式优化后的文案：

AI真的太炸裂了！用了它之后，我的文案点击率提升了3倍！

四、PSCA 公式 —— 让 AI 帮你找到最适合的个人 IP 方向

适用于：个人品牌、社交媒体运营。

PSCA= 兴趣（Passion）+ 能力（Skills）+ 可执行性（Content）+ 受众（Audience）。

附表 4

要素	解释	示例
P（Passion）	你对哪个领域感兴趣	AI、科技、教育、职场成长
S（Skills）	你擅长什么	写作、短视频、品牌营销
C（Content）	这个领域是否适合长期做内容	AI 未来发展快，选题源源不断
A（Audience）	你的目标受众是谁	职场人、自媒体人、创业者

▶ 示例：用 AI 分析个人 IP 赛道

输入 AI 的优化指令：

复制编辑：请帮我分析适合我的个人品牌赛道。

我的兴趣：AI、科技、个人成长、教育、财经。

我的技能：写作、短视频制作、课程讲授。

目标：找到最适合我长期发展的个人品牌方向。

请根据PSCA公式分析这几个领域的优劣势，并推荐最佳方向。

AI 分析结果：

附表 5

赛道	兴趣 (P)	能力匹配度（S）	内容可执行性 (C)	受众市场（A）	适合度
AI 科技	√	√	√	√	最佳选择
个人成长	√	√	√	√	可尝试
教育	√	√	√	√	可尝试
财经	√	√	×	√	不适合（需要深厚的专业背景）

结论：AI 科技赛道最适合，个人成长和教育可以作为辅助内容。

五、HEI 互动公式 —— 提高社交媒体互动率

适用于：微博、小红书、抖音、社交媒体平台。

HEI＝钩子（Hook）+互动引导（Engage）+激励机制（Incentive）。

附表 6

要素	解释	示例
H（Hook）	用悬念、提问、情绪化表达等吸引注意力	你觉得 AI 会取代你的工作吗
E（Engage）	提供开放性问题，引导用户留言	在评论区聊聊，你最担心 AI 替代哪个职业
I（Incentive）	通过点赞、转发、奖励等方式鼓励参与	点赞这条内容，我们给你分享 AI 学习资源

▶ 示例：用 HEI 公式优化社交媒体文案

原始文案：

AI 写作真的很方便，很多人都在用。

使用 HEI 公式优化后的文案：

你还在手写文案吗？如果 AI 能帮你写，你会愿意试试吗？

评论区聊聊，你用过 AI 写作吗？你的体验如何？

六、AIDA 公式 —— 经典广告文案模型，AI 优化营销转化

适用于：电商广告、品牌营销、社交媒体推广。

AIDA= 吸引注意（Attention）+ 激发兴趣（Interest）+ 增强需求（Desire）+ 促成行动（Action）。

附表 7

要素	解释	示例
A（Attention）	用强烈的"钩子"吸引用户	90% 的人都不知道的 AI 写作技巧
I（Interest）	让用户知道这个广告和他们有什么关系	3 分钟学会 AI 写文案，效率提升 10 倍
D（Desire）	让用户产生购买欲望	全球 100 多万个营销人都在用，效果提升 3 倍
A（Action）	让用户采取行动	立刻免费试用，亲自体验效果

▶ 示例：AI 优化广告文案

输入 AI 的优化指令：

复制编辑：请帮我优化一条电商广告文案，产品是 AI 写作工具。

目标：提高广告点击率，适合社交媒体投放。

请使用 AIDA 公式进行优化：

- 吸引用户注意力（A）。

- 让用户对 AI 写作产生兴趣（I）。

- 让用户产生购买欲望（D）。

- 让用户采取行动（A）。

AI 优化后的广告文案：

90% 的人写文案都在犯这个错误！

这款 AI 写作工具能让你的广告点击率提升 300%！

5000 多个用户已好评，免费试用中！

立即点击，看看你的文案能提升多少分！

优化亮点：

- 吸引用户注意（钩子强烈）：90% 的人都在犯错！

- 激发兴趣（与用户痛点相关）：这款 AI 写作工具能提升广告点击率。

- 增加信任感：5000 多个用户已好评。

七、TOP 公式 —— 让 AI 帮你写爆款标题

适用于：短视频标题、文章标题、社交媒体标题。

TOP = 触发点（Trigger）+ 结果（Outcome）+ 证明（Proof）。

附表 8

要素	解释	示例
T（Trigger）	让用户产生情绪波动（惊讶、焦虑、期待）	90% 的人还不会用 AI 写作
O（Outcome）	告诉用户他们将获得什么好处	学会这招，你的文案转化率提升 200%
P（Proof）	用数据、案例、社会认同增强可信度	这款 AI 工具已经帮助 5000 多人提升了写作效率

▶ 示例：AI 优化短视频标题

原始标题（手写版）：

AI 写作教程。

使用 TOP 公式优化后的标题：

90% 的人还不会用 AI 写作？这个方法让你文案转化率翻倍！

优化亮点：

- 制造情绪波动（让用户好奇）。
- 突出结果（让用户知道好处）。
- 用数据增强信任感。

八、CAST 公式——让 AI 优化你的品牌故事

适用于：品牌文案、企业故事、电商详情页、个人品牌等。

CAST = 主角（Character）+ 挑战（Adversity）+ 解决方案（Solution）+ 变化（Transformation）。

附表 9

要素	解释	示例
C（Character）	你的品牌、产品或个人 IP 是谁	这是一位年轻创业者的故事
A（Adversity）	你遇到了什么挑战	他发现传统写作方式太慢，影响工作效率
S（Solution）	你是如何解决这个问题的	于是，他开始使用 AI 写作工具
T（Transformation）	这个解决方案带来了什么变化	结果，他的文章点击率提升了 3 倍，工作效率大幅提高

▶ 示例：AI 优化品牌故事

原始品牌介绍：

我们的 AI 写作工具可以提高效率，帮助你更快地完成工作。

使用 CAST 公式优化后的品牌故事：

小李是一名自媒体博主，每天都在为写作效率发愁。

直到他发现了这款 AI 写作工具——只需要输入主题，它就能帮他生成初稿！

现在，小李的文章阅读量提升了 300%，他再也不用熬夜改稿了！

优化亮点：

- 用故事引起共鸣（用户更容易代入）。
- 展示挑战，让用户理解产品价值。
- 提供具体数据，增强说服力。

九、TIRA 公式——让 AI 帮你测试和优化个人 IP

适用于：社交媒体账号定位、个人品牌打造、账号流量测试。

TIRA = 尝试多个赛道（Try）+ 数据迭代（Iterate）+ 优化内容（Refine）+ 分析受众（Analyze）。

附表 10

要素	解释	示例
T（Try）	先在不同赛道发布内容	尝试发布 AI 写作、短视频脚本、电商营销等内容
I（Iterate）	观察数据，调整方向	查看哪种内容流量最高，并进行优化
R（Refine）	持续优化表现好的内容	如果 AI 写作的互动率最高，就专注做 AI 写作
A（Analyze）	分析受众，找到适合的定位	AI 写作的受众主要是自媒体人，找准定位后调整内容风格

▶ 示例：用 AI 测试个人 IP 赛道

原始账号运营方式：随意发帖，今天发 AI 写作，明天发个人成长，内容混乱。

使用 TIRA 公式优化后的策略：

第一阶段，尝试发布不同的内容，观察数据。

第二阶段，找到互动率最高的内容，优化文案，提高点击率。

第三阶段，分析受众兴趣，精准打造个人品牌。

附录四
AI 写作实战练习

为了帮助你更快地掌握 AI 写作技巧，我为你准备了一些实战练习。你可以按照以下练习，一步步掌握 AI 文案优化、短视频脚本、电商营销、社交媒体互动等技能，让 AI 真正成为你的文案搭档。

▶ 练习一：用 STAR 公式优化朋友圈文案

任务：你需要在朋友圈推广一款 AI 写作工具，吸引朋友点赞和留言互动。

你现在的文案是：AI 写作挺好用的，大家可以试试。

请使用 STAR 公式优化这篇文案，让它更具吸引力。

参考指令：

复制编辑：请帮我优化一条朋友圈文案，推广 AI 写作工具。

目标受众：自媒体人、职场人士、写作困难者。

行动引导：让读者留言互动，尝试使用 AI。

核心卖点：AI 能帮你节省写作时间，优化内容，提高曝光量。

请使用 STAR 公式对文案进行优化，使其更吸引人。

思考点：

- 如何让开头更有吸引力？（用数据／疑问句／情绪化表达）

- 如何让读者对 AI 写作工具产生兴趣？

- 如何用具体案例或数据增强说服力？

- 如何引导用户留言，提高互动率？

▶ 练习二：用 WTF 公式优化短视频标题

任务：你要发布一条关于 AI 写作的短视频。

你原来的标题是"AI 写作教程"。但这个标题太普通，不能激发用户的点击欲望。

请使用 WTF 公式进行优化，让短视频标题更吸引人。

参考指令：

复制编辑：请帮我优化一个短视频标题，提高点击率。

主题：AI 写作。

目标受众：短视频创作者、文案写作困难者。

行动引导：让观众点击观看。

核心卖点：AI 写作能提高效率，提升阅读量。

请使用 WTF 公式进行优化，让标题更具吸引力。

思考点：

- 如何吸引用户注意力？（如提一个问题）

- 如何增加意外感？（如加入数据或对比）

- 如何引导用户点击？

▶ 练习三：用 AI 生成电商产品介绍

任务：你需要为一款"护眼台灯"撰写产品介绍，吸引用户购买。

你的原始描述是：这款台灯光线柔和，适合阅读。

请使用 AI 生成更具吸引力的产品介绍，并结合 AIDA 公式进行优化。

参考指令：

复制编辑：请帮我优化一款护眼台灯的电商产品介绍，提高转化率。

目标受众：学生、上班族、阅读爱好者。

主要卖点：无蓝光护眼、三档亮度调节、长时间使用不伤眼。

行动引导：鼓励用户下单。

请使用 AIDA 公式进行优化，使其更有吸引力。

思考点：

- 如何让开头吸引用户？（用问题 / 痛点 / 数字）

- 如何突出产品优势？（具体功能 + 用户场景）

- 如何引导用户立即购买？（限时优惠 / 用户评价）

▶ 练习四：AI 优化社交媒体互动文案

任务：你希望在小红书上发布一篇帖子，讨论"AI 是否会取代人类写作"。

你的原始文案是：AI 写作真的很强大，很多人已经开始用了。

请使用 AI 优化文案，提高互动率。

参考指令：

复制编辑：请帮我优化一条社交媒体文案，提高互动率。

主题：AI 写作的未来。

目标受众：自媒体人、职场人士、科技爱好者。

行动引导：让用户点赞、评论、转发。

请优化文案，使其更有吸引力和互动性。

思考点：

- 如何让开头更有吸引力？（制造悬念 / 提出问题）
- 如何让用户有参与感？（二选一问题 / 投票选项）
- 如何让文案更适合社交媒体传播？（短句 / 表情符号）

▶ 练习五：AI 生成广告文案，提高点击率

任务：你要为一款智能蓝牙耳机写广告文案，提高点击率。

你的原始广告是：这款蓝牙耳机音质不错，续航长。

请使用 AI 生成更有吸引力的广告文案，并结合 AIDA 公式进行优化。

参考指令：

复制编辑：请帮我优化一篇蓝牙耳机的广告文案，提高点击率。

目标受众：年轻人、运动爱好者、职场人士。

产品卖点：智能降噪、30 小时续航、高清音质。

行动引导：鼓励用户点击链接购买。

请使用 AIDA 公式进行优化，使其更具吸引力。

思考点：

- 如何吸引用户？（数据 / 痛点）

- 如何激发兴趣？（产品特色）

- 如何增强需求？（用户评价 / 真实案例）

- 如何促成购买？（限时折扣 / 促销信息）

▶ 练习六：用 AI 生成新闻或行业趋势文章

任务：你需要写一篇关于 AI 如何影响未来工作岗位的文章，适合发布在公众号或 LinkedIn 上。

你的原始文章标题是：AI 正在改变工作方式。

请使用 AI 生成一篇更有深度和数据支持的新闻文章，并优化标题。

参考指令：

复制编辑：请帮我写一篇关于"AI 如何影响未来的工作岗位"的文章。

目标受众：职场人士、科技爱好者、企业管理者。

需要包括：AI 正在取代哪些职业；AI 创造了哪些新职业；如何适应 AI 时代的职场变化。

文章结构：引言 + 现状分析 + 数据支持 + 结论。

请提供一篇 1000 字的文章，并优化标题，使其更具吸引力。

思考点：

- 如何用数据增强文章的说服力？（如引用行业研究）
- 如何用故事或案例让内容更有共鸣？
- 如何提出实际可行的建议？

▶ 练习七：AI 优化品牌故事，提升品牌影响力

任务：你要为一个新创立的可持续时尚品牌写品牌故事，让品牌更有吸引力。

你的原始品牌介绍是：我们是一家注重环保的时尚品牌。

请使用 CAST 公式优化品牌故事，使其更有情感共鸣和品牌个性。

参考指令：

复制编辑：请帮我优化一个可持续时尚品牌的品牌故事。

目标受众：关心环保、可持续时尚的年轻消费者。

核心价值：环保材料、可持续生产链、公益行动。

请使用 CAST 公式进行优化，让品牌故事更具情感共鸣。

请生成 500 字的品牌故事。

思考点：

- 如何打造个性化的品牌形象?

- 如何用故事让消费者更容易记住品牌?

- 如何让品牌价值观更具吸引力?

▶ 练习八：用 AI 生成个性化邮件，提高开信率

任务：你要写一封电子邮件，邀请用户报名一个 AI 写作培训课程。

你的原始邮件内容是：我们的 AI 写作课程已经开始报名，欢迎加入。

请使用 AI 生成一封更具吸引力的邮件，并优化邮件标题，提高开信率。

参考指令：

复制编辑：请帮我写一封邮件，邀请用户报名 AI 写作培训课程。

目标受众：职场人士、自由职业者、内容创作者。

需要包括：课程的核心价值（提高写作效率、增加内容影响力）；学员的成功案例（如果有）；清晰的报名引导。

请使用 AIDA 公式优化邮件内容。

生成 3 个不同风格的邮件标题，以提高开信率。

请生成一封适用于电子邮件营销的邀请函。

思考点：

- 如何让邮件开头更吸引人？
- 如何用社交证明（学员案例）增加信任感？
- 如何让用户愿意点击报名？

▶ 练习九：AI 生成对话式销售文案，提高转化率

任务：你在运营一个在线课程销售页面，希望用对话式营销文案提升转化率。

你的原始文案是：我们的 AI 写作课程可以帮助你更高效地写作。

请使用 AI 生成一组对话式销售文案，让文案更具互动性，提高用户购买意愿。

参考指令：

复制编辑：请帮我生成一组对话式销售文案，提高课程转化率。

目标受众：内容创作者、自由职业者、职场人士。

需要包括：用户常见问题（AI 写作适合我吗）；引导式回答（你遇到写作困难吗？AI 可以帮你）；社交证明（其他学员的体验）；清晰的购买引导。

请生成 5 组对话式营销文案。

思考点：

- 如何让文案更具互动感？
- 如何用对话方式降低用户抗拒？
- 如何让用户更容易做出购买决策？

▶ 练习十：AI 自动生成每日社交媒体发文计划

任务：你希望每天在社交媒体（微博、小红书、公众号）上

发布内容，但不知道如何规划。

请使用 AI 生成一周的社交媒体内容日历，并优化每天的发文主题。

参考指令：

复制编辑：请帮我生成一周的社交媒体内容日历，主题是"AI写作"。

目标受众：内容创作者、职场人士、科技爱好者。

平台：微博、小红书、公众号。

每天发布 1~2 条内容。

需要涵盖：干货、互动、热点趋势、实用技巧。

请提供一周的发文计划，并优化每天的标题和互动引导。

附表 11 AI 生成的社交媒体内容日历

日期	微博 / 小红书主题	公众号文章主题
周一	AI 如何帮你提升写作效率（科普）	用了 AI，我的写作速度提升了 3 倍

续表

日期	微博 / 小红书主题	公众号文章主题
周二	90% 的人都不会用的 AI 写作技巧（互动）	你用过 AI 写作吗？你的体验如何
周三	为什么未来的个人品牌一定要懂 AI（趋势分析）	AI 如何帮助普通人打造影响力
周四	我的 AI 写作实战经验（个人经历）	我如何用 AI 管理社交媒体
周五	你写文案还在花 2 小时？AI 用 5 分钟搞定（短视频）	3 个用 AI 优化文案的技巧
周六	跟粉丝互动：聊聊你对 AI 的看法	我收到最多的问题是：AI 会取代人类吗
周日	一周总结：本周最受欢迎的内容回顾	这周哪些内容最受欢迎？我的思考是……

思考点：

- 如何让内容更具多样性？（互动＋干货＋趋势＋案例）

- 如何用 AI 分析数据、调整内容方向？

- 如何让社交媒体运营更轻松高效？